詩人の遠征

15

草森紳一は橋を渡る

分別と無分別と、もしくは、詩と散文と

愛敬浩一

洪水企画

目次

草森紳一は橋を渡る

——分別と無分別と、もしくは、詩と散文と

プロローグ

——『ナンセンスの練習』を再読するために

涸れきつた川を渡る　種田山頭火

草森紳一「以後」を歩く日々である。つまり、草森紳一が亡くなって「以後」に刊行された本を読み続けることが多いということだ。

もっとも、草森紳一の名前は、私も昔から知っていて、『ナンセンスの練習』（晶文社・一九七一年十一月）だけは持っていた。ただ、身を入れて読むようになったのが、彼の『随筆本が崩れる』（文春新書・二〇〇五年十月）に出会ってからだということである。その死の、わずか二年余り前であった。どうして私は、草森紳一『ナンセンスの練習』のきちんとした読者になれなかったのか、悔やまれてならない。

それにしても、驚くべきは、草森紳一の死後、彼の新刊書がコンスタントに刊行され続けたことであろう。さらに、まだ本になってない各誌の連載も残されている。にもかかわらず、その刊行が何故かストップしてしまった。

それが、残念でならない。

さて、本書は『草森紳一の問い』、『草森紳一「以後」を歩く』に続く、シリーズの第3弾となる。扱かっているのは、『その先は永代橋』(特に、「ベーコンの永代橋」)と『夢の展翅』が中心なのだが、改めて思ったことは、そこで論ずべきことがらが既に『ナンセンスの練習』で扱われていたことで、むしろ、『ナンセンスの練習』を読み返して考えたことの方が多かったかもしれない。

桂葉《けいよう》　風に刷《はら》われ　桂は子《み》を墜《おと》し
青狸　血に哭し　寒狐死す
古壁の彩虯《さいきゅう》　金　尾に帖《ちょう》す
雨工《うこう》　騎《の》りて入る　秋譚《しゅうたん》の水
百年の老鴞《ろうきょう》　木魅《ぼくび》と成り
笑声碧火《へきか》　巣中に起る

草森紳一の思考の奥底には、いつも李賀（791～817）がいるが、二十七歳で亡くなった、その李賀の詩「神絃曲」の後半部分である。「神絃曲」というのは、古い民謡の名であるようだが、その題材をもとにした李賀らしい作品であろうか。

まあ、「悪霊祓いの歌」と考えてもいいだろう。

前半部で、西の山に日が落ち、暗くなった頃、旋風の中から神が馬にまたがり、地上へ降りてくる場面が描かれる。すると、管弦楽や、吹奏楽などもさらに激しくなる。巫女が派手な衣装で、秋の塵をけたてて「悪霊祓い」をしているのだ。この巫女は、悪霊祓い師（エクソシスト）と呼ぶべきであろうか。

もくせいの葉がざわめき、実は落ちる。青い狸は血を吐いて哭きわめく。寒さにふるえる狐も死ぬ。壁に描かれていたミズチ（水棲の竜）の絵の、その尾が妖気をはらみ、金色にきらめくので、神はそのミズチにのって、水底へ追いやってしまう。百年も生きていたフクロウの妖魔は、神の火に焼かれて、その巣から断末魔の声がわきおこる。

この、後半部分だけを独立させて読めば、一九六〇年代後半の、難解な現代詩を思い出さずにはいられない。こういう世界に引き寄せられてしまうのは、それが、私が〈詩〉に出会った時期でもあるからだろう。私が実際に作品を意志的に書き始めるのは八〇年代だが、一九六八年前後の時代的感性から、今もって抜け出せていないのかもしれない。何かを幻視した時代とも言えようか。

李賀はさまざまな作風の詩を書いているが、いや、どんな風にでも書く才能を持っているがゆえに、現実を軽々と超え、幻視できたのであろう。

唐の爛熟した都市文化に触れた李賀は、間違いなく、この世の中にある退廃や、悪意を敏感に感じ取ったのではないだろうか。

詩「陳商に贈る」における、例の有名な「長安に男児有り／二十にして心已朽ちたり」という虚無感は、時空を超えて、画家であるフランシス・ベーコンなどとも響きあっているようにもみえる。

今では、「夢」も社会から切り離され、個人的な生活に閉じ込められているが、「夢」が文化として社会生活において意味があった時代には、それこそ、「悪霊祓い」によって、見るべきものを幻視できたのであろう。

その「夢」が異界への通路でもあったことを考えると、草森紳一死後に刊行された『夢の展翅』や『李賀　垂翅の客』、『その先は永代橋』（特に「ベーコンの永代橋」）などの著作の重要性に、改めて思いが及ぶ。と同時に、それは既に『ナンセンスの練習』で展開されていたことかもしれぬ。

既に述べた通り、草森紳一の生前に、私が新刊として購入したのは『ナンセンスの練習』と、そこから時を隔てて、晩年の『随筆　本が崩れる』だけである。もちろん、草森紳一死後の新刊は書店で購入したにせよ、それ以外の多くの著作は古書店を通してなので（定価を上回る、高額なものもあったが）、草森紳一の収入には貢献できなかった。それにしても、当時の私は、どうして『ナンセンスの練習』を読む能力をもち得なかったのか、くりかえし自らの無能を嘆くばかりである。『ナンセンスの練習』を再読する（本当の意味で読む）ために、草森紳一「以後」を歩いているということかもしれない。

第一部

橋を渡る、もしくは、中断している原稿を書く

――「ベーコンの永代橋」を読む

工事は中絶のまま、巨大な城壁が天を摩《ま》してそびえている。
（ウェルギリウス「アエネイシス」四の八十八）

一　なぜフランシス・ベーコンなのか

橋というのは、本来は、つながっていない場所と場所とを結びつけるものである。たとえば夢に橋が出現したとするなら、それは一般的には、まちがいなく危機の予兆でもあろうが、その橋によって危機をのりこえたとするならば、吉夢となろう。

時によって、「橋を渡る」というと、死を暗示する場合もある。その橋の向こうが霞んでいたり、

お花畑があったりして、自分のことを呼ばれたりするものの、そこから引き返して命拾いしたなどという夢の話を聞くことも多い。

そこにあるのは、何らかの境界線であるが、その人生の転機をどうのりこえるかによって、「橋を渡る」ことの意味も大きく変わる。

草森紳一の『その先は永代橋』（幻戯書房・二〇一四年五月）は、「その先は永代橋」と「ベーコンの永代橋」という、二つの長篇エッセイから構成されている。詳しく述べれば、一九九六年四月号から十月号（九月号は欠稿）まで雑誌「東京人」（都市出版）に六回連載された「その先は永代橋」と、二〇〇五年春号（9号）から二〇〇八年冬号（20号）まで季刊雑誌「en-taxi」（扶桑社）に十二回連載され、二〇〇八年三月十九日の、著者である草森紳一の死によって中断となった「ベーコンの永代橋」から成っている。なお、その「ベーコンの永代橋」第一回が掲載された「en-taxi」第9号（二〇〇五年三月春号）では、〈草森紳一　雑文宇宙の発見者〉という特集が組まれていた。要らない情報だろうが、〈特別付録！〉で、文庫サイズの、唐十郎の新作戯曲『鉛の兵隊』が別冊で付いている。それはさておき、もしも、そこで草森紳一が亡くなるということがなければ、この二つの連載は、徹底的に書き加えられ、増量し、それぞれ別の大冊となったに違いない。

特に、「ベーコンの永代橋」は、まさに書きあぐねている途中だったと思われる。『その先は永代橋』の跋（平山周吉）に、次のようにある。

《連載原稿（本書第二部の「ベーコンの永代橋」）の締切りはいつものように、とっくに過ぎていた。深夜にスタスタと表に出て、永代橋をくぐる遊歩道に下り、通りの向こうのコンビニで買い物をすませ、夜風に吹かれながら永代橋を瞼におさめてマンションへと戻る。さあ書くぞと気合いを入れた時か、続きを書きあぐねていた時だった。享年七十。その三年前の吐血以来、体調はすぐれなかったから、草森本人にとっては織り込み済みの死だったろう。それでも、まさかこの日この時がご臨終とは、最後の最後まで気づかなかったのではないか。》

まあ、書きあぐねている時か、さあ書くぞと気合いを入れた時か、それは分からないものの、その「三年前の吐血」以来、くりかえし、この連載にこだわる草森紳一の姿に鬼気迫るものを感じないではいられない。それは、この連載が〝中断している原稿を書く〟ことじたいをモティーフ（題材）としているからでもある。

この「ベーコンの永代橋」の連載において、草森紳一はくりかえし、その「吐血」に触れる。

まずは連載の二回目（二〇〇五年夏号）、そこから「其ノ三」（二〇〇五年秋号）、「其ノ四」（二〇〇六年冬号）、「其ノ五」（二〇〇六年春号）と続く。「其ノ六」（二〇〇六年六月夏号）だけは、ベーコンとエイゼンシュテインの話題に終始している。

《……私が胃から血を吐いてから、ほぼ一年半になる『エンタクシー』（「en-taxi」に同じ――引用者）にこの連載の一回目を書きあげた時には、まだ吐血していなかった。半月ほどして、血を吐いた。

前年の三月末暮のアクシデントであったが、その真夜中に夢の中で口から血の束をドボッドボッと何度か吐きだし、なんだろうと目が醒めて、あたりが（掛け布団やシーツまで）ドブドブと血で染っているのを見て、「なんだ、正夢であったのか」と腰によいので愛用しているムアツ式マット（ベーコンの描く簡易ベッドの上に敷かれたマットカバーの縞のデザインとそっくり。ベーコンの絵では、この上に血まみれの肉塊が転がっていたりするのだ）から身を起こして立ち上がろうとした時、またまた何度も喉元へ向かって逆流してくる血の束をとどめようもなく吐いたのである。夢と現実は、連鎖していた。》

連載七回目の「其ノ七」の末尾近くである。ここでも、草森紳一は自らの〝吐血事件〟をくりかえして思い起こす。「其ノ七」は、「其ノ六」に続き、映画監督エイゼンシュテインの話が本格的になっている。もちろん、その「其ノ六」の末尾にある通り、画家・ベーコンが絡んでいる。ベーコン（1909〜1992）が「私が若かった頃、そのエイゼンシュテインの映画〈ストライキ〉と〈戦艦ポチョムキン〉を見て、そのすばらしい視覚的イメージに私の絵は大いに力づけられたと思っています」と言っているのだそうだ。

さらに、そのベーコンの言葉は、一九八八年にモスクワで開催された彼の展覧会におけるカタログにあるという。六週間の会期を通じて十五万人が訪れたようだが、もちろん、その中には「吐き気を催す」とか、「挽肉器のなかへいちどきに押しこまれたようなものだ」という悪評があったらしい。草森紳一は、それを「陳腐にして、かつ退屈な評言であるが、ほめ言葉の一種でもある」としている。

エイゼンシュテインの話が、不意に、自身の吐血のことへ向かい、その血で染まったムアツ式マットのマットカバーの縞のデザインに、ベーコンが潜んでいたわけだ。

引用文中にある通り、「ベーコンの永代橋」の連載「其ノ一」では、〝吐血事件〟は起きていない。冒頭は夢の話題で、歴史上の人物が彼の夢によく出てくることを、リラックスした口調によって楽しそうに語る。「ここ三十余年入れあげている」副島種臣への思いや、昨年（二〇〇四年）に出したばかりの大冊『荷風の永代橋』の余熱などもあったのであろうが、ゆったりとした筆のはこびである。その永井荷風の夢とか、あれこれに触れている途中で、そこに、画家であるフランシス・ベーコンも夢を記録した時期があったようだというエピソードを差し込み、さりげなく本題に入ろうとしている。

草森紳一は、フランシス・ベーコンを「二十世紀最大の画家」として、ピカソより上位におくと述べる。彼がベーコンの名を知ったのは、一九六四年のはじめであり、行きつけの洋書店で画集を見つけ、「震撼した」らしい。当時、雑誌「芸術生活」の副編集長であった古山高麗雄に売り込んで、同誌の一九六六年の十一月号に「叫ぶ」という文章が掲載されたのだという。一九八三年には、東京の近代美術館でベーコン展もあったらしいが、客もまばらで、草森紳一自身も「機運が訪れぬまま放置」してしまったという状態であったが、ジル・ドゥルーズ／山縣熙＝訳の『感覚の論理　画家フランシス・ベーコン論』（法政大学出版局・二〇〇四年）を枕に自由に書いていいという、雑誌「en-taxi」側（坪内祐三か）からの企画で、「ベーコンの永代橋」の連載が始まったと、本文中で明かされている。

新著『荷風の永代橋』の「火照りがまだ醒めやらぬ」草森紳一は、ベーコンを「弾条」（手元にある辞書にはないが、「弾《はじ》ける礫《つぶて》の筋道に従って」ぐらいの意か）として、とりあげたい人物をあれこれ数え、最後に阿部定に少し触れたところで、一回目の連載が終了。そして、「其ノ二」も、当然のことのように〝阿部定事件〟から始まるものの、末尾で、不意に「この三月の末も末、私は、吐血した」と初めて触れる。今にして思えば、連載の二回目で、草森紳一は自らの〝最後の事件〟について語り始めていたわけである。「吐血」が原稿を中断させるわけだが、逆に、「吐血」の話が原稿をつなげてもいるので、〝中断している原稿を書く〟ことじたいがモティーフ（題材）になってしまうという倒錯が起こっている。

まあ、その〝事件〟そのものに入る前に、この「ベーコンの永代橋」が、遥か四十年以上前の「叫ぶ　フランシス・ベーコンの写真術へのひけめ」という文章からの、〝中断している原稿を書く〟という意味もあるのではないか、ということも指摘しておきたい。この「叫ぶ」という文章は、例の『ナンセンスの練習』（晶文社・一九七一年十一月）に収録されている。いや、わざわざ、「例の」などと言うのは私の個人的な思いからで、私が『随筆　本が崩れる』で草森紳一に本格的に出会う前に、遥か昔、それが新刊で購入した唯一の本であり、当時はなじめなかったものの、やはり草森紳一にとっても転機となるような重要な著作であったのだなと、改めて思ったからである。

《ダブリン生れ（一九〇九）のイギリス人フランシス・ベーコンは、その長い経歴にもかかわらず、最近ようやく注目を浴びてきた画家だ。

彼の絵は、泣き叫んでいるように思われる。それは単純な意味で、泣き叫んでいるのだ。絵画は、つねに時代の悲鳴を伝えているといういいかたは、この場合、作品行為そのものに対していえることであって、抽象であろうとポップであろうとかまわないのだが、ベーコンの場合、塗りつぶされた画面の人物そのものが、泣き叫んでいるのだ。

僧正も、高級サラリーマン風の男も、ベッドでからみあう男と女（男と男）も、チンパンジーか人間なのかわからないものも、窓から街の風景のみえる高層アパートの一室の人間らしいものたちも、一様に泣き叫んでいるように思われる。

それは、単に泣き叫んでいるのではなく、その泣き叫びには、たくさんの属性、意味性がひそんでいて、みるものは息がつまるほどだ。苦痛、怖れ、狂気、崩壊、傷心、さびしさ、怪奇さ、暗く、ファンタジックで苦々しい、失意にみちた意味性が、ごったになって、曖昧に内にこもっている。この曖昧な多意性が、この泣き叫びの構造を形成している。》

後の〝意識的な「雑文」のスタイル〟からすると、ひどく生真面目で、正統的な文章にみえる。とは言え、その観点はいかにもクサモリ的で、「大多数のものがわかろうとする二〇世紀の風潮」に対する苛立ちを見事に描いている。人々の「なにがなんでも理解してしまおうという」ところに、現代の〝絵画の不幸〟があり、その画家たちの逃走は〝崖っぷち〟まで来ているという。

　そこでベーコンは、この「逃走」に背を向け、「歯向かうことを選んでいる」と草森紳一は見ている。「だから作品であることを否定しない。作品であることによって作品を否定している」と。

　ヴェラスケスの『イノセント十世』（ベラスケス『教皇インノケンティウス十世』）をパロデナイズした、ベーコンの「法王シリーズ」について、草森紳一は、次のように述べている。

《……椅子に座った法王が、泣き叫んでいる絵であることを容易に知ることができる。だがこのことは、ベーコンが珍しく逆行して、具象絵画をやっているからだと観察することはまちがっている。むしろいったん塗りこめられた対象のかたちが、蒸発して、消えゆかんばかりにも見える。たとえば足を組む背広のサラリーマン氏は、泣き叫びながら部屋の中で溶けていなくなる寸前のようにも見える。溶けていく自分に恐怖して泣き叫んでいるのかとも思え

る。》

草森紳一は言う。「ここで思いおこしたいのは、ベーコンが二〇世紀の美術運動の純粋性、絵画でなければ表現できないものへの深掘り行為を、痛ましいもの、人間否定の解体作業、自殺行為と見ていることである。」と。だからこそ、ベーコンの絵は「泣き叫んでいるのではあるまいか」と述べる。

また、草森紳一は「ベーコンの絵の中には、キュビズムもアブストラクトもフォーブもシュールも、近くはアンフォルメルもアクション・ペインティングもすべて統合されている」としながらも、決して「過去の遺産の綜合者」でなく、「絵画が、人間がどうしようもない絶壁の淵まで追いこまれている」ことの方に目を向ける。

そこで草森紳一が使う用語は「コンプレックス」であり、ベーコンが「泣き叫ぶことを前面に押しだす」ことをはばからなかったのはそのためではなかったかと問いかける。ユングの定義によれば、コンプレックスとは「心的複合体」のことである。統合された心的内容のあつまりであり、本来無関係な感情が結合されている状態を示す。一般的には「コンプレックス」というと、日本ではアドラー心理学の「劣等複合」が流通してしまい、「劣等コンプレックス」

にばかりへ目が向いてしまう。草森紳一はユング著作集を読んでいるので、文中で「コンプレックス」のほか、「複合（コンプレソクス）」という用語も使っている。
　ベーコンの作品は、写真を素材としている。彼は何千枚もの、新聞や雑誌などからの写真を持っているのだそうだ。そこに写真への「ひけめ」がないか。写真はベーコンのコンプレックスであり、近代絵画のコンプレックスではなかったかとも問う。だからこそ、「ベーコンの写真術の強力な採用は、写真術への逆襲である」と述べる。

《写真術に追いこまれ、絶壁まで追いつめられた絵画の逆上的な復讐である。このことをさらに波及させていうなら、写真術を発明するような人間の文明が一層すすむことによって、人間がますます追いこまれたことへの逆襲なのである。しかもその逆襲の中でさえ悲鳴をあげているのは、逆襲したところで、無力であることを知っての悲鳴なのである。人間なるものはいよいよ影薄く、泣き叫んでいくであろうことをベーコンは、絵画のひけめを傷のまま並べたて複合させることによって、予示しているのではないか。この複合は、歴史の時間を信じたいというところから、歴史へ牙をむいているのだ。彼は歴史を否定しない。否定したくないのだというところから、涙と叫びを、絵の中にもちこんでいるのだ。

時代の解体に歩調を合わせるように、絵画は、より急進的に自我を解体してきた。ベーコンは、その自我の解体運動に身をまかせるには、遅く生れすぎた。彼がなにか難しい冒険をしようとあたりをみまわした時、もうなにもやることはなかったのである。彼にのこされた冒険は、過去の痛ましい遺産をすべてがぶのみして、時代のコンプレックス、美術史のコンプレックス、ベーコン自身のコンプレックスを露出し、人類は人間なのかという古めかしいお題目などというのにしがみつき、そのしがみつきによって人間に恥をかかせようとしているように思えてならない。》

少々長く引用したが、「叫ぶ」という文章の結末部であり、理を尽くして意見が述べられている。いささか生真面目なところが、後の〝意志的な「雑文」のスタイル〟と比べて、いかにも若々しい。

草森紳一は、ベーコンに見られるのは、「諷刺」とか「パロディ」とかいうものでは決してないと述べている。「諷刺もパロディも、健康な攻撃の精神であって、人間を信じる精神であって」、ベーコンの作品のように「泣き叫ばない」と断ずる。草森紳一は、ある時期からカメラを撮ることに夢中になって、「写真のブレ、ボケの応用」を多用するのだが、そこにはベーコンの影響があったわけだ。

余分な話になるが、ベーコンというと、まずは、イギリスの政治家・哲学者のフランシス・ベーコン（1561～1626）の方を思い浮かぶに違いない。画家のベーコンは、そもそも『広辞苑』に載っているか、第五版を見たが、残念ながら主著『新オルガノン』の政治家・哲学者の方だけだった。最近は、こういう場合、必ず『広辞苑』を開くのは、岡茂雄『本屋風情』（中公文庫・一九八三年九月）の「『広辞苑』の生まれるまで」に対する敬意のためだ。百科的な内容になった経緯など、出版人の思いに頭が下がる。

二　なぜ永代橋か

さあ、「ベーコンの永代橋」に戻ろう。

ベーコンについてのこだわりは、遥か昔からのものであり、それは、まるで〝中断している原稿を書く〟ようなものであり、天上の高みにのぼりつめた〝意志的な「雑文」のスタイル〟を自らのものにした草森紳一は、それこそ「複合（コンプレソクス）」によって、「ベーコン」

て見せる。
と「永代橋」をつなげ、そこに「写真のブレ、ボケの応用」もなされ、唯一無二の世界を描い

いったい、どこの世界に、「ベーコン」と「永代橋」をつなげようなどと思いつく人がいるものだろうか。

「ベーコンの永代橋」の連載「其ノ一」が掲載されたのは、雑誌「en-taxi」第9号（二〇〇五年春号）であった。また、同誌が〈草森紳一〉特集でもあったことは既に述べた通りである。そこには、草森紳一の友人でもある写真家・大倉舜二による「草森紳一　―吹かれ視る人―」と題されたグラビアページもあり、永代橋のアーチを背にした草森紳一の写真や、清澄庭園での「撮影用に水鳥にエサを与えた」ものなどが、八葉ほど載っている。大倉舜二のネームもあり、撮影中の「予想外の椿事」にも触れている。もちろん、草森紳一自身も、その「椿事」を「其ノ一」で詳しく扱っている。

草森紳一は、カメラマンである大倉舜二に従い、アーチの壁に寄りかかる。カメラマンの方は、欄干の近くまで後退し撮影しようとするため、歩道のド真ん中はがらあきとなり、橋を渡る歩行者や、自転車で通行する人にとっては、いささか面白くないことになる。ただの記念写真なら、ごく短時間で済むことであろうが、雑誌のグラビア用であり、複数の人が関わってい

るのも分かるし、なんだか、ものものしかったのであろう。逆に、芸能人か何かの撮影なら、邪魔すまいと思うか、もっとよく見ようとかしたかもしれない。たぶん、そこを通行する人々にとっては、草森紳一の存在が中途半端に過ぎたのであろう。「邪魔だなあ、だれだアイツは」、「なんだこの撮影は」というように思うのは、当然のことであろう。そこで、「椿事」が起こる。

《アーチを背にして身を薄くしている私が、アッと思うも束の間、ハンドルをさばき切れずに二つの自転車は、正面衝突した。両者は、サドルから身がはじかれて、コンクリートの地面に叩きつけられた。もちろん、二つの自転車も横転。ふたりとも、すぐに起ちあがってくれたので、ほっとしたが、荷物を欲ばってたくさん載せていた自転車人間のほうは、地面に散った物品を見て「カッ」と血がのぼった。

「なんだ、貴様！ いったい、なにやってんだ。写真なんか、真っ昼間から撮りやがって！」

口を大きく裂いて、舌が見えるほど大きく開いて、ウオーッと毛もののように叫んだ。》

草森紳一が「すいません」と謝るものの、その「吠えている」、「作業帽をかぶった長身の老人」は、「ヘッ！ 謝ればよいというもんじゃないや」と怒声を発する。事態がそれ以上に悪化しなかったのは、ぶつかった、もう一台の自転車の方の若者が、その場をすぐに立ち去ったことによるのだろう。もちろん、両者に怪我もなかった。撮影に立ち会っていた雑誌の担当者も頭を下げている。カメラマンは、遠くから眺めている。

一番驚いたのは、草森紳一だったのかもしれない。右の引用でも、被写体の彼が「身を薄くしている」のは、どこか、微笑ましい。

ぶつかった同士が、相手に「気をつけろ」と毒づくのが普通ではないか。草森紳一が「すいません」などと言う必要はない。彼は、その事故に直接の関係がないのだ。もしも声をかけるなら、「大丈夫ですか」ではなかったか。

草森紳一は、ある意味、自分自身に対して「すいません」と言ったようにも思える。自分らしくないことをして、後悔しているのかもしれない。

その「作業帽をかぶった長身の老人」は、いい気になって、カッコつけて被写体になっている草森紳一の、「身を薄くしている」意識が生みだした存在のようにさえ思えてくる。

草森紳一は二十年来、永代橋のたもとに住んでいる。月に一、二回、かならず寄る喫茶店がある。そこには地元の常連客も多いが、「二十年来」住んでいても、地元意識のない草森紳一は、不思議なことに「節度を守るべく、挨拶をしないように努めている」というのだ。実は、あの「椿事」の時、彼は「怒号を発した」老人を、どこかで見た人のような気がしていたらしい。その喫茶店の、地元の常連客の一人が「作業帽をかぶった長身の老人」だったかもしれないと意識し始めるのである。

それは、余分なエピソードなのだが、「自転車の老人」が「大口を開いて怒号している」姿から、草森紳一は、フランシス・ベーコンの名を知った一九六四年の初めへ思いをつなげ、「en-taxi」誌に関わっていた坪内祐三がジル・ドゥルーズの『感覚の論理　画家フランシス・ベーコン』を枕に連載を勧めたことまでを、本文中で触れている。

《私の雑文の方法は、テーマを前にして頭に浮かんだものなら、なんでも深いところでつながりありとして、それらをつないでいくことである。そのためにもテーマの設定は欠かせない。私はその無視と脱線をよく言われるが、そんなことはない。私にとってテーマは大切な引金である。》

これが、「ベーコンの永代橋」連載一回目の、ちょうど真ん中辺り、永代橋での「予想外の椿事」における「怒り」からフランシス・ベーコンへと話題をつなげ、あれこれ、取り上げたい人物名を並べながら、不意に漏らした草森紳一の感想である。「原稿を書いているうちに突然予定外の人物が立ち現れた時が、最大の幸福」などとも述べている。チェーホフも、ある短篇で言う。「まずテーマを選ぶ。なにを書くかは君の完全な裁量にまかされている。なにひとつ気がねするには及ばず、一存でかまわない。とはいえ、二度目にアメリカを発見したり、またもや火薬を発明したりしないこと、とりわけ古びたテーマは避けるに越したことはない。」と。

今更ながら、草森紳一がこだわる「複合（コンプレックス）」や、「写真のブレ、ボケの応用」という考えが、彼の身についた方法であることに気づく。

そして、連載の二回目の末尾において、「突然予定外」の〝吐血事件〟が語られ始め、「ベーコンの永代橋」は、その「雑文宇宙」の果てを見せるのである。

三　その、「三月も末の末」の吐血

連載「ベーコンの永代橋」の二回目（「其ノ二」）の末尾部分を引用する。

《この三月も末の末、私は、吐血した。あらたにはじまる「明治十一年の副島種臣」の締切を明日あさってに控え、その序文にあたる章をシコシコ書き上げるべく、種臣の書が好きだったという棟方志功や勅使河原蒼風の例をひきながら、原稿用紙の桝目を埋めていたのだが、夜中の十二時ごろだろうか、とつぜん睡魔が私を襲った。首を振って醒まそうとしても、どうにもならぬ。一時間ほど仮眠をとろうかとマットに横になっているうち、つい眠りこんでしまった。》

正確に言っておくと、二〇〇五年三月である。連載の一回目が掲載された季刊雑誌「en-taxi」9号の発行が三月であるので、少なくとも、その一か月前には入稿されたのではないか。単純に考えれば、それから三か月後に「其ノ二」を書いていることになろう。〝吐血〟直前の状況説明である。草森紳一は手書きの、ほとんど最後の文人であり、原稿も編集者へ手渡していた。その「明治十一年の副島種臣」は、京都精華大学の機関紙「表現」に連載するもので、連載の「其ノ五」では、その序文を三十三枚まで書いたところで眠くなったと、細かな説明が繰り返されている。

《なにか夢を見ていたのだが、内容は想い出せない。いずれにしろ夢の中で、喉元めがけてなにか、なまあたたかいような、或いはなまつめたいような水の流れのようなものが、ドッと勢いよく押し寄せてきて、ひとりでにわが口は大きく開いた。その穴から外へ向かって、なんどもなんどもやわらかい水の束のようなものが飛びだしていった。苦しくはないが、異ではある。まったく痛くもなんともなかったが、この異変に、なんだろうと起きあがった時、目が醒めたのである。まわりは、血の海だった。掛けぶとんも、毛布も、シーツもぐしょぐしょに血に染まっていた。》

これが、連載の二回目「其ノ二」の末尾である。まさに連載の「つづき」の末尾にふさわしい。あざやかな幕切れで、次回が待ち遠しくなる。草森紳一自身は、「してやったり」と思ったのではなかったか。

この「突然予定外」の〝事件〟は、例の「椿事」など遥かに及ばない、主題（テーマ）を引き寄せるための、これ以上ない題材（モティーフ）ではなかったろうか。

例の「椿事」には、どこか草森紳一の作為のようなところもあったが、〝吐血事件〟は、それこそ、彼が思いもしなかったことではなかったか。

連載の一回目からの続きで、「其ノ二」は阿部定の話から始まるものの、そこには既に、血の匂いがしている。さらに、阿部定の話題の途中で、連載一回目の冒頭における夢に絡めて、連載二回目でも永井荷風を持ち出す。

《弟子の小門勝二には、「ぼくが死ぬときは、ポックリ死にますぜ」と荷風はいっていたようだが、その言葉の通りに浅草で買った五百円のベレ帽をかぶったまま、うつ伏せに血を吐いて死んでいたのである。

血を吐いて死んでいた、というのは、知ってはいたが、死因は「胃かいよう」だったとは、知らなかった。なんという因縁だ。呆れてしまう。》

これは「其ノ二」の真ん中辺りから、やや後半へ向かうところ。ここでは、「なんという因縁だ。呆れてしまう。」という感想は、その「因縁」がどういうものか、なんで彼が「呆れて」いるのか、宙に浮いたままである。

たぶん、思わず漏れたのであろう。「其ノ二」の末尾に至って、それが草森紳一自身の〝吐血事件〟と結びつき、さらに「其ノ三」で、それが胃潰瘍であったことも明かされることになる。

草森紳一は、自らの〝事件〟に触れたい、逸る思いを抑えながら「其ノ二」を書いていたのだろう。まずは、ベーコンに触れずには済まされないと考えたか、夢の話も「其ノ一」からの絡みで扱っているが、連載の三回目「其ノ三」は、真ん中辺りから〝吐血事件〟の描写へ本格的に入り、「其ノ四」では、冒頭から全面展開される。「其ノ五」でも、量的には少なくなるものの、触れないでいられない。

晩年の草森紳一を一躍有名にした、例の『随筆　本が崩れる』(文春新書)で、崩れた本のため、浴室に閉じ込められた〝事件〟も、この〝吐血事件〟の、単なる予告編に過ぎなかったようにさえ思われてくる。

草森紳一は、「血の海」を前にして、自身が「冷静」であったことを、いささか誇らしいような書きぶりである。どんな場面でも、見るべきものは見ようというのが、〝もの書き〟だという自覚があるためだろう。

チェーホフは、ある短篇で「物を書く人間のたどる道には、棘《いばら》と荊《とげ》と釘《くぎ》がばらまかれている。」と述べているが、草森紳一ほどそれを自覚している例も少ない。草森紳一は「呆然としていたのも事実である」とも述べる。「本が崩れて呆然とするのに似ている」とも言う。「座り直し、さてどうするべきか、を考えるべく、しばらく『呆然』としたままでいることにきめた」というのは、いかにも草森紳一らしい。「呆然とするにも決断がいる」と考える彼の姿は、深刻な場面にもかかわらず、ちょっと滑稽な感じを与えてくれる。「わが心は、なにがなんだか、よくわからないので、ひたすら明るい。」という感想は実感なのであろう。彼は「血まみれのズボン」などを座ったまま脱ぎ落し、「パンツ一枚」となり、Tシャツの類を「血のマット」の上にかぶせ座る。「あれほど血を吐いたのに、痛くもかゆくもないのが、不思議であり、物足りなくもあったが、幸せだともいえる。」と思うのも、よく分かる。そこで、草森紳一の目は、周囲へと向かう。

《「夢の中での吐血」であったが、その夢の中で、相当からだがあちこちと動いたのがわかる。足もとに重ねておいた副島種臣の資料群も血まみれになっていた。それらを重ねておいたのがよかったのか、被害は上部の本のみである。血のりがつくと、ページが開かなくなったりする。そのおそれのあるものは、手でぬぐった。カバーのある本と本（「本のカバー」か――引用者）は、血のりづけになってしまうので、何冊かそれは引き裂いて、クシャクシャとまるめてゴミ袋の中へ棄てた。いまさら惜しいなどといってられない。装幀は犠牲になるが、中身の本体のほうは残しておかねばならぬ。

ただ気になったのは、副島種臣の「書」の作品集である。血まみれのカバーは（箱は使用する時に小うるさいので、あらかじめ別にしてあった）、すぐに引き裂いたが、どうしたわけか、その下の布表紙にも、ベトッと血がたまっているのである。》

草森紳一の思いが、すぐに本へと向かうのはいかにもか。副島種臣についての原稿を書いていたのだから、その関係の資料が一番の被害にあったわけだ。本に愛着はあるものの、こういう時の決断は早い。「引き裂いて、クシャクシャとまるめて」という潔さは、その愛情と矛盾しない。足で踏みつけ、本の方が喜びの声をあげるというような表現が『随筆　本が崩れる』にあったはずだ。

草森紳一は布表紙の血のりを拭うために、あれこれ試みている。結局のところ、「布の繊維の奥へとのめりこんで」しまった、「その血は乾いたものの、どす黒く、しかもうずたかく盛りあがるように布表紙にへばりついて」ということになる。

草森紳一がこの文章を書いているのは、入院したものの、ほぼ勝手に退院し、薬も自己判断でやめたりした後だろうから、一定の時間が経過している時期のはずだ。それが一か月後か、連載の雑誌が季刊なので三か月後なのか分からない。いずれにせよ、その頃、草森紳一は「血痕の雄壮を賞《め》でて、写真にもと思ったが、考えてみれば、一年ほど前から所持のコンパクトカメラは地上に落として壊してしまったり、どこかに忘れてきてしまったり」という有様である。その〝「乾いた」血〟を写真に撮ろうというのも彼らしいし、一時期はこだわったはずのコンパクトカメラも、あっさりと忘れ去られていたというのも、それもそれで彼らしい。カメラが無くても、彼の言葉は、その〝「乾いた」血〟を写し撮っている。

その時の草森紳一は、カメラよりも、友人の大竹舜二に「香典返し」に貰った「絹の毛布」が「血を全面に浴びて」しまったことを嘆いている。数か月前に妻に先立たれた友人から「香典返し」に受け取り、「だいじにつかっていた」のに、処分するしかない状態になってしまっている。

ここで大竹舜二のことが出てくるのは、彼がかけがいのない終生の友人であるだけでなく、彼がカメラマンでもあるからであろう。

そもそも、草森紳一が血を吐いた翌日に救急車を呼んだのは大竹舜二らしい。草森紳一『フランク・ロイド・ライトの呪術空間』(フイルムアート社・二〇〇九年七月)の写真は大竹であり、言わば二人の共著でもあるが、その「追悼的・跋」で大竹舜二は、〝吐血事件〟の実録を書いている。心配している大竹舜二を部屋に入れず、「もーなおった」の一点張り、押し問答したが埒が明かないので救急車を呼んでいる。入院中に、布団と毛布を新調したのも大竹舜二である。そもそも、布団を敷くスペースがないような状態だったのを片付けたのも友人である大竹であるのに、草森紳一は勝手に退院してしまう。看護師もぷりぷりしていたらしい。「オレは東洋医学の権威だ」とか、草森紳一は言ってのけたという。草森紳一は、大竹舜二が布団スペースをつくるため、「どーでもよさそうな雑誌類をダンボール箱5個分捨て」たことの方を怒っていたのかもしれない。もちろん草森紳一も、すべては友達であるがゆえの好意であることは分かっていたろう。ここで、「絹の毛布」と共に、写真に触れているのは、大竹舜二に対する、言葉にできない感謝が隠されているような気もする。

たぶん、時間的には、写真を撮ろうと思ったのは〝吐血〟のだいぶ後になるはずだが、「絹の毛布」をもう処分するしかないと感じたのは、〝吐血〟の直後であり、現実的な時間と、カメラのことと「絹の毛布」についての意識的な時間とが混乱しているのではないだろうか。

正確に引用しておくと、「今でも、その血は乾いたものの、どす黒く、しかもうずたかく盛りあがるように布地にへばりついている。」とあり、この「今でも」は、どう見ても〝吐血〟直後ではなく、「その時、血痕の雄壮を賞でて、写真にと思った」とあるので、この「その時」も、やはり〝吐血〟直後ではなく、一定の時間後の、この文章の執筆時と見るべきであろう。

それに比べれば、「絹の毛布」を惜しむ思いは〝吐血〟直後であり、時系列として全く異なるものの、〝惜しむ〟という心情が、カメラと「絹の毛布」を同じ意識の上に引き寄せたように見える。ベーコンの「複合（コンプレソクス）」のようなものかもしれない。大竹舜二に対する思いも、隠されているように感じる。

草森紳一は、〝吐血〟直後をそのままに記述したいという思いの一方で、その記述の中に、記述している、現在の彼自身の考えが混入しないはずもなかろう。

《ともかく、ここは心を落ち着けるため、人から貰ったイタリアのどこかの島でとれたという「塩」を飲んでおこうかと、台所へ行くべく起きあがろうとした。

おや、笑うべし。なんと、起きあがれないのである。あわてながら、それでも私は、なんとか起きあがったものの、からだはブレて、すっとはいかず、ふとんのまわりに積み重ねてある本の山にささえを求めて（もともと本は、人の倚《よ》るべき憩いの木なのだ）しがみついた。その時、どっと本が崩れるのはしかたがないにしても、またまた夢の中で味わった時と同じような、なまあたたかくて、なまつめたい水流の束が、喉元めがけて駆けあがってくるのを感じた。もとより押してとどめようもなく、自然と口は大きく開かれて、ドボドボッと、二回三回と血を吹いた。その際も、ささえを求めて、なにかに手でしがみつこうとするため、血は束であることをやめ、あたりの本に向って「血吹雪」をさんさんと撒きちらした。》

草森紳一にとっては、お約束の〝本が崩れる〟場面である。本来は、かなり深刻な場面のはずなのだが、『随筆　本が崩れる』以来、まるでお笑い芸人の〝リアクション芸〟のようにさえ見えないでもない。もちろん、この〝事件〟を書いているのが本人で、既に、この病いをのりこえているのだろうと安心感が読者にはある。少なくとも、連載時の（現在形の）読者は、テレビなどにおける、危機一髪の映像でも見るように思われたのに違いない。草森紳一の演戯性が前面に出ている。ただ、彼が亡くなり、中絶され、単行本として読む今、その読後感は、いささか複雑になってくる。

草森紳一は痩せている。一日一食などということも多かったようだ。それでも、当時は「六十キロ近く」はあったと文中にある。支えのない草森紳一は、「あちこちと踊るようにして」揺れ動き、「血吹雪」を分散している。

《まもなくして、どうやら吐血は止んだが、なんとも癪にさわるので、マフィアのふる里・シチリアの塩水を飲まんとして台所に向った。吐血退治である。必ず利くと思いこんでいるところが、おかしい、とはいえ、いや、まいった！　歩けない。血を吐いたぐらいで、歩けなくなるとは、おどろきだ。呆れつつ、よろよろ、ふらふらである。そのたびに、たよりないと知りつつ、積みあげられた本にしがみつく。当たり前ながら、平衡がとれないと、人間、まっすぐ歩けないのである。》

まあ、それでも台所にたどり着く。コーヒーカップで「シチリア産の天然塩」入りの水を飲む。人から、そこに砂糖を入れるとなお美味しいと聞いていて、その時も同様にしている。

《「うまい」。生き返ったような気がした。別に気絶していたわけでもないのに、まるで蘇生でもしたかのような気持ちになるのも、なんとも妙である。体内への浸透力が急スピードである天然塩の魔力のせいか、帰りには、もう本などにもしがみつかず、なんとか歩いて戻れた。うん、さすがによく利く、である。》（注記——草森紳一は旧字体の「氣」を使用しているが、便宜上、一般的な省略形「気」に統一した。以下、同様。）

その塩と砂糖で飲んだ水が、経口補水液の役割を果たしたということであろう。ランニング一枚、パンツ一丁の草森紳一は、寝床の「血だまりのシーツや毛布」を隠している「Tシャツ」

の上に座り、ようやく「吐血」の原因について考え始める。「十八の時からこの齢まで、一貫して両切りのピースを吸いつづけ、しかも一日五、六十本というヘビースモーカー」だから、「ついに肺癌がやってきたか」、「自業自得である」と思ったりするものの、いや、肺癌なら「喀血」であり、「吐血」じゃないだろうとか、あれこれと思いをめぐらしたりしているが、どこまでが当日の思いで、どこからが執筆時の考えか、区別がつかない。

旧友のカメラマンが胃潰瘍で入院したことや、永井荷風が胃潰瘍で「吐血」したこととか、フランシス・ベーコンは「暴飲の人」だが、自分は仙人食だから胃に負担はかけていないはずだとか、もしもストレスが原因なら「老化のしるし」だとかいうような思考は、執筆時に紛れ込んだものではないだろうか。

ただ、その「吐血」時に書いていた原稿が、「二年も連載を遅延してきた」ものであり、翌日が締切りで、「京都から原稿をとりにくる」予定は頭をよぎったのは間違いあるまい。空振りさせては悪いので、「早朝に電話をくれるように」担当者に言っておいたそうだ。草森紳一は、「長年のカンでは、あさってなら、まちがいなく原稿をわたせる」と文中で述べている。

四　中断している原稿を書く

幕末の志士は、「書」をものす時、黒い墨を用いても、「血の飛沫」や「碧血」などという言葉を好んだと草森紳一は述べる。「筆をもつ手と体内に流れる血との関係は、いったいどのようになっているのか。」などという発想は、いかにも彼らしく、「『書』は、血そのものである」という風に、「吐血して中断になった」原稿を書きつなごうなどと考えたというのは、やはり「吐血」直後のことのように思われる。もちろん、そこには「複合（コンプレソクス）」の意識もあろう。

《いずれにしても、痛くも痒くもない。まったく眠くもない。このまま原稿を書こう。かくて、机代りにしているせんべいの入っていた銀色の大きなアルミニューム函をあぐらの膝に置き、その上にのせた原稿用紙に立ち向ったのだが、その決意に水をさすが如く、急に尿意を催してきた。よし、まずは用をたしてから仕事をはじめようと、起きあがろうとした。》

ところが、草森紳一は「またしても起きあがれない」のである。彼自身も、「まさかのまさか、信じられない」と困惑している。気力だけは「気持ちが悪くなるほど、人一倍ある」とは思うものの、「あっちフラフラ、こっちにふらふら」で、「まるで気力に満ちた幽霊だ」と表現するのは、記述時の意識ではないだろうか。

お約束通り、本も崩れて、「積みあげられた本の列にもれっきとした個性」があり、すぐに崩れる場合も、ゆっくりと壊滅する場合もあるなどというところも、いかにもクサモリ的だと言うべきだ。

トイレは「たかが寝床から五メートルほどの距離」なのに、「百里千里の彼方」にも感じられる。台所へ行った時より、はるかに歩けない。いつの間にか、尿意さえ消えていて、「観客のいない一人芝居だな」と自分を笑う気持ちには、リアリティーがある。トイレへ向かうことじたいが、この場合は、最大の目的なのである。「本で埋まる台所をようやく通過する」が、それ以上は歩けない。毛もののようにもう這うしかない」ではないか。

ここで、「其ノ三」が終わる。ここも、連載の末尾として悪くない。のりこえたはずの危機が、まだ続くのかと、ドキドキが止まらない。

《這う。這う。這う。

立っていられないので、もう這うしかない。もう立って歩けないので、しかたなく四つん這いになって、パンツ一枚で這うのだ。トイレは、台所の脇にある。本来、この空間はキッチン・ルームを兼ねていて、まあまあのスペースであったのだが、いつのまにやら、本がどんどこ床の上に積みあげられていくので、今や歩くのにも難儀を呈する細い道が、数本しか残されていない。》

これが、「其ノ四」の冒頭である。「其ノ四」は、ほぼ全篇が、トイレまでの困難な旅と、トイレでの格闘ということになる。まあ、しかし、それは本文の記述に委ねるべきであろう。是非とも、原文に当たっていただきたい。私がつまらぬ要約などしては、せっかくの草森紳一の苦闘を無にすることになりそうだ。特に、トイレからの帰り、「本の小山」を「滑り台」として滑降する場面など、触れたいところだが、やめておく。

一言だけ触れると、彼の部屋の様子がうかがえる貴重な描写がある。それぞれの本の山の意味や、トイレの左の壁の、アールヌーボーの「ミーシャ」展示会用のポスターとか、右側にある「井上洋介氏の額入りの小品」とか、興味深い。

そのトイレへの往復に、どれほどの時間を要したものか、トイレの中で「蠢動」しただけで

「一時間」は経過したらしいし、ことが済んだ後だけでも、「三十分は（わが腹時計にすぎぬが）」、そのまま、じっとしていたようだ。文中では、『しばらく動くな、じっとしていろ！』と。わがうちの冷静な目玉からの発令である。そうか、エネルギーが蓄電するまで、おとなしくしておれというのか。」などと自問自答している。

トイレからの帰り道、草森紳一は、気分だけは「本の小山」をスキーで滑降したような気持ちよさを感じている。

《すっかり元気になってしまった私は、「これまでのこと、みな夢だったらよいのだがな」、と思いつつ、またまた私は、すこし入口からは斜面がなだらかだが、頂上から急滑降の崖のようになっている小山に身を伏せ、手足を心もち前へと動かしてみたが、こんどもスイッスイッと滑空し、そのてっぺんに来ると、寝床の上に倒れこむように転げこむようにして、着地した。

しかし残念ながら、あの吐血は夢ではなかった。その証拠に、ふとんのまわりは、あいかわらずの「血の海」であった。ただ気のほうだけは、もうシャッキリしている。これなら、歩けないにしろ、座ったまま、中断になっている原稿のつづきが書けそうだと思い、近くに転っているアルミの箱を膝にのせた。

からだのほうは、あいかわらず、いっさいの痛さというものがない。吐血というのは、痛くないんだ、と思った。それにしても、どうも、吐血と喀血のちがいはわからないなと考える。喀血はどうしたって痛そうだから、俺の場合は、吐血だろうときめつけてみたりする。》

草森紳一は「中断している原稿を書く」という思いへと再び戻る。原稿は副島種臣についてであるが、寝床のそばの本の上に、この「en-taxi」連載の一回目で使うつもりでいて、結局のところ、そこまで話が及ばなかった『江木鰐《がくすい》水日記』（東京大学史料編纂所「大日本古記録」岩波書店・一九五四年）上下二巻に目が向く。江木鰐水は頼山陽の弟子でもあり、日記の中に、師・山陽の死因が「喀血なのか、吐血なのかの記事」があったのではなかったか、と思い出したからだ。これも、例の「複合（コンプレソクス）」であり、自らの「吐血」が思いをそこに向かわせたのであろう。「吐血」の時点では、それが、そもそも「吐血」だと断定できてもいない。「其ノ四」の本文中では、病名が「突発性急性胃潰瘍」と明かされてされているが、当然のことながら、血を吐いた時点で、それは分かっていないとも述べられている。

この「其ノ四」の末尾では、草森紳一は自らの「吐血」の話を『江木鰐水日記』へつなぎ、原稿を書いているわけだが、そのことじたいも〝中断している原稿の続きを書く〟という、「ベーコンの永代橋」のモティーフを示しているとも言えそうだ。副島種臣についての原稿の続きを書くのではなく、さらに遠い、「ベーコンの永代橋」の連載一回目の続きを書こうとしている。いや、事実として、草森紳一は「ベーコンの永代橋」の「其ノ四」を書いている現在としては、副島種臣についての原稿の続きの方が遠いというべきか。

《山陽が死んだのは、正確には天保三年九月である。六日の日記に頼《らい》家の乳母の口から、

「先生、今、末期の吐血を咳す」

ときき、江木はびっくり仰天する。これより原漢文は引かず、以下、意訳して示すことにする。

「ほんとうか。もし先生が吐血したとすれば、かならず酒の毒が当ってのことだ。血の量は多かったのか、少なかったのか」

乳母は少しだと答える。そこで江木(二十二歳)は、頼山陽の寝ている部屋に飛びこんでいく。

「吐血したそうですね。具合のほうは、どうです」

「いやなに、少々血を吐いただけだよ」》

ここで、草森紳一が気にしているのは、「吐血」と「喀血」との違いだけだ。吐く血の量が

多いのが「吐血」で、少量であれば、それは肺病の「喀血」ではないか、という判断である。

頼山陽の場合、呼ばれた医師は新宮涼庭《りょうてい》という蘭方医で、儒者でもあり、「若き日の副島種臣とも接触あり」という人物であったらしい。さらに、人体解剖で知られる小石元俊の子である漢蘭折衷医まで呼ばれる。

新宮医師は「もうすぐしぬな」という、あっさりした返事。「先生の吐血は、肺から出た血だからな。十中の八九はなにをやっても治らない」という見立てである。つまり、頼山陽の死因は肺結核であるが、その時代は、少量の血を吐いた場合でも「吐血」と表現した。草森紳一自身の場合は、「血の量が多すぎる」というわけだ。ヘビースモーカーの草森にとっては、「吐血」か、「喀血」かが一番気になるところであったろう。江木鰐水は「酒の毒」のせいだろうから、胃の方の病気だと考えたのである。

頼山陽自身は、「死は天命だからな」と弟子に言うものの、「未完の『日本政記』だけは、完成せずして死にきれない」とする。ここには、草森紳一自身の思いも重ね合わせていよう。

普通なら、病院へ行かなくはなるまいなと思う場面で、なにも『江木鰐水日記』を読んで、あれこれ、自己判断しようとしているところが、いかにもクサモリ的なのである。内田百閒に、どこか似ていないでもない。

《私は二十年来の持病持ちで、時時《ときどき》動悸が打つて困るが、心臓病ではないと云ふ医者の話である。発作の起こつた時は苦しいから早くなほりたいと思ふけれども、その場がすめばそれでいいので、根本からその病気をなほさうなどとは考へてゐない。病気もその位長くなると、私の命の一部分である様な気がするから、今急にそれをなほしてしまつたら、変な事になるに違ひない。病気はなくなつても、そのなくなつた為に寿命がぐらつくと云ふ事も考へられる。寧《むし》ろ死ぬ時に、出来る事ならこの持病を無駄にしたくないと念ずるのである。二十年来馴染《なじみ》の病気で瞑目したら本望だと思ふが、さううまく行くかどうか疑はしい。暮らしの不如意《ふによい》も持病と同じ様なもので、急に裕福になつたりしたら、をかしなものであらうと思はれる。何かしら私の身の上に、よくない事が起こるに違ひない。》

内田百閒『北溟』（旺文社文庫・一九八二年二月）に収録されている、短文「百鬼園舊套」から引用した。元々は昭和十二年の『全輯百閒随筆』第五巻の「新稿篇」として刊行されたものを、装を改めて単行本（小山書店）にしたのだそうだ。内田百閒には、全集や選集も多く、文庫本もいくつかの出版社から出たものがあるが、個人的には旺文社文庫版が好みである。

内田百閒の「持病を無駄にしたくない」という考え方が、いかにも彼らしい。「その場がすめばそれでいい」などというのは、クサモリ的でもあろう。ヘビースモーカーの草森紳一は、「喀血」ではないことに釈然としていないのではないか。

五　鰐水も永代橋を渡っている

草森紳一は、「ベーコンの永代橋」の連載「其ノ五」（二〇〇六年春号）でも、冒頭から『江木鰐水日記』を読み続けている。江木の本名は「福原」なのだという。父は、苗字帯刀の家柄の地主であり、いわゆる「里正《りせい》」であったが、三男であった、後の鰐水は十三歳で、福山藩の御典医・五十川義路である長男・家集について医を学び、やはり福山藩の医官であった江木家の養子となったらしい。子がなくて絶家していた江木家を再興できたのは、五十川家集の娘をめとったことによる。江木家の後継者が、家集の娘であり、鰐水が、師である ことで養子になったようだ。ここにも、〝中絶している原稿を書く〟というモティーフが隠れているのかもしれない。

草森紳一は言っている。「江戸時代は、長子相続なので、絶家が生じやすいが、その危機を救っているのが養子制度である。関係がこみいっているので、ひとたび誰かの家系を追うと、頭がこんがらがってしまう。」と。いやいや、草森紳一の文章だって、慣れていないと「頭がこんがらがって」しまうのに。

確かに「養子縁組という接ぎ木操作」は、「かくも奇怪」なのだが、社会制度的には「合理的なもの」かもしれない。

草森紳一は、さらに、典医は「しばしば儒者を兼ねる」が、五十川家も江木家も漢方医のみで、儒を兼ねていないことに言及している。つまり、江木鰐水が、「医」を志望したものの、どうして頼山陽の門下になったのかを問うているわけだ。二十歳で、それも妻を福山においたままで、なぜ本格的に頼山陽のところへ入門したのか。

江木鰐水は、明治新政府の成立した際は、榎本武揚に従い箱館戦争にも参加している。それ以前に、老中の阿部正弘（福山藩主）の下で参謀として働いたので、天保六年三月には藩儒として江戸へやって来て、永代橋を渡っていると日記にあるのだそうだ。そのため、草森紳一の視野に入っている。ついでながら、阿部正弘（1819～1857）は、江木鰐水より十歳ほど若く、下田・箱館の二港を開き、神奈川条約を結んだ人である。「水野忠邦（1794～1851）の天保の苛政を除き、民心の収攬に努めた」と『広辞苑』第五版にはある。海軍操練所も創設している。彼が老中に列せられたのは、天保十四年の二十四歳時だそうだ。若い。

《他人の日記というものは、登場する人物との人間関係がよくわからないと、なかなか先に読みすすめないものである。人の秘密（裏）を覗く面白さも半減する。上下二巻の日記だが、いろいろな人物が登場してくる。本人はよくわかっているのだから、説明などするはずもない。一行読んでは、未知の名前とぶつかり、二人の関係をなんとか摑もうと、その日記のあちこちをさぐる。いわば探偵の作業だが、そうこうしているうちに、ほんの少し前に血を吐いて、歩けずに這いずり廻ったことなど、すっかり忘れている。

文章を読むというのは、なんとも素晴らしいものだ。熱中させる力が内在していて、吐血の一大事も、どこかへ行ってしまっている。

私は、むかしからよく、仲間と酒など飲んでいて、興の赴くまま不意に死の恐怖や不安にからんだ話題になると、

「俺の一巻の終わりは、多分、ボケッとしているので、交通事故とか崖から転落するかだから、その時、かならず靴の裏の泥のつき具合がどうなっているのか、なんとか見てやろうと思って

いるのだ」

と豪語してきた。

なぜ靴の裏なのか、自分でもよくわからないのだが、意識のそらし、集中力の転嫁のことなのかと思う。実際にその後、七メートル近く空に跳ねあげられた交通事故でも、大きな巌岩からの落下も経験しているが、靴の裏を見ることは忘れていた。いや、体勢としては、忘れていなくてもちょっと無理のようだ。

ただこのときも、死の恐怖というものは、ひとつも沸いたりしなかった。急変のせいもあるが、こんどの吐血は、事故でなく、なにかの病気である。それでも同じである。もうすこし生きそうだという確信的感覚をわけなく覚えている。》

少々長く引用してしまったが、屈折した思いが述べられているので、途中で切れなくなった。自らの死に言及する内田百閒や永井荷風などの姿を思い合わせておくべき場面ではないだろうか。

この引用部分の後、フランシス・ベーコンの「叫び」に触れ、再び江木鰐水の日記へと、草森紳一の思考は戻る。日記の中には、様々な人物が登場する。頼山陽が亡くなった後、「浪華に住まいをかえ、これより小竹先生（篠崎小竹）に師事しよう」と決意し、京から大阪の福山藩邸に入ったようだが、そもそも藩と彼の関係がよく分からないと草森紳一も困っている。小竹塾にいたのは二年たらずであるが、ここでも多くの人々と出会い、そこに大塩平八郎（中斉）の名もみえる。既に見た通り、天保六年三月九日には江戸に向かい、二十三日に着く。翌日、本郷丸山にある福山藩邸に入っているという。

そんな、あれこれに触れていると、「江木鰐水日記」の中に、ひょいと出てきて、草森紳一はドキッとする。もちろん、私など知ることない名だが、その「武富元謨《げんぼ》」という人物は、佐賀藩士であり、弘道館の教諭となり、副島種臣の父や、兄・神陽の同僚となった人物なのだそうだ。ここで、草森紳一は、自分が副島種臣についての原稿を書いていた時に「吐血」したことを、ようやく思い出す。

草森紳一は、「明治十一年の副島種臣」をテーマに、京都精華大学の機関誌「表現」へ連載する、その序文を三十三枚まで書いたところで眠り、血を吐く夢を見て、実際に「吐血」したのであった。

草森紳一は、アルミ函の上に原稿用紙をのせ、「なにを書くべきかはわかっているし、頭もしっかりしているのに、筆がいっこうに進まない」で、「ボーッとしている」のだが、つまり、先に「中断している原稿を書く」としてアルミ函を抱えていた場面から、ここまでは、草森紳一の当時の心の動きを、だいぶ時間が過ぎたあと思い出して「其ノ五」として執筆していることになる。季刊の雑誌なので、既に〝吐血事件〟から一年以上が経過しているわけだ。意識は「吐血」の当時に戻っているものの、執筆している現在は、そこから時間的に遠く離れているので、どうにも説明しがたい、不思議な言語空間が生み出されている。

六　「私はしばしば朝まで考えこむのであった」

執筆中に眠くなり、血を吐く夢を見て、目が醒めてみたら、辺りが「血の海」になっていたわけである。呆然とするのは当然であろう。それでも、台所に行ったり、トイレへ向かったり、原稿の続きを書こうと試みながらも、手近なところにあった資料を読み直したり——、それにしても、そもそも「吐血」時からどれくらいの時間が経過したのであろうか。

なお、そのことじたいを回想して執筆している時が、その経過していく時間を、レースのカーテンのように薄く覆っている。

まちがいなく、場違いな連想に思われようが、私はここで、プルーストの小説『失われた時を求めて』の第一篇「スワン家のほうへ」第一部「コンブレー」の末尾を思い合わせてしまった。その第一部で、作中の「私」は、「……しばしば朝までじっと考えこむ」。文中では「回想の連合によって」という言葉が使われている。

《一つまた一つとつけくわえられていったそれらのすべての回想は、もはや密集した一つのかたまりを形成しているにすぎなかった、しかしそれらの回想のあいだには——もっとも古いものと、あるかおりから生まれたずっと最近のものと、ついである他人が私にきかせてくれたその人の回想に過ぎないものと、この三つのもののあいだには——ほんとうのさけ目または断層ではないまでも、すくなくともある種の岩石、ある種の大理石における、産地、年代、「生成」の相違をあらわすあの筋目、あの雑多な色模様が、人の目に見わけられないわけではなかったのである。

なるほど、朝が近づくころには、夜なかの私の目ざめに伴ったあのつかのまの不確実さは、消えてから長く経っていた。》（井上究一郎＝訳）

ベーコンを論ずるのに、草森紳一が「コンプレソクス(複合)」という用語を使っていたことが、改めてよみがえる。

この『失われた時を求めて』第一篇の第一部では、三つの「回想の連合」が語られている。一つは「もっとも古いもの」であり、二つ目が「最近のもの」であり、最後に「ある他人が私にきかせてくれたその人の回想に過ぎないもの」である。

草森紳一の場合では、過去の「吐血」とそれと関連することが一つであり、そのことを執筆している現在があり、その中で、彼が原稿を書くための資料についての話題が三つ目となろうか。

ああ、なるほど、草森紳一の〝意志的な「雑文」のスタイル〟とは、こういう構造を持っていたのだな、などと今さらのように思ってしまう。

草森紳一の「朝」は、どうであろうか。

《寝室にまで響いてくる戸外を走る車の音のボリュームからして、朝六時ころかなと思う。時計をもたなくなってから三十数年だが、だいたい狂ったことはない。つまり、時間に縛られて生きている。

血を吸いこんだ毛布やシーツの上にTシャツを何枚ものせて、あぐらの膝の上に机がわりのアルミカンをのせていたのだが、それをとりのぞき、痛くも痒くもないのに、しゃんとしてこない気分を一掃するために、尻の下にある血染めの毛布やシーツをポリ袋の中に棄てようかと思いつき、えいっと立ちあがった。

おっ、立ちあがれる！　さっき這ってトイレを往復した醜態の遊びが、嘘のようだった。毛布を小脇に欲ばって二枚まるめてかかえこみ、積みあげた本と本の狭い谷間を歩いてみる。歩ける！　歩けるじゃないか。台所のそばにポリ袋がおいてある。そこまでは、七、八歩だが（曲折もある）、けっこう重い荷となった毛布をかかえながら、多少からだは左右にぶれたが、本の山にも触れずに、なんとかたどりつけた。歩ける！「この調子だと自然治癒するな」と、ふと思った。病院には行きたくない。》

どう考えても、「自然治癒する」わけはない。草森紳一の心理としては、「病院には行きたくない」ので、「自然治癒する」という願望にしがみついているわけであろう。逆立ちしているのだ。時計のことにしても、時計を持たないから、逆に「時間に縛られて」しまうのである。「戸外を走る車の音」で夜明けを感じているわけだから、窓から遠く、部屋の照明は明るいままであったのではないか。もちろん、その「朝」は原稿の締切りの日であり、確認の電話もあるはずでもあり、わざわざ京都から原稿を取りにくる人をからぶりさせるわけにはいかない、と彼は思っている。

この時の草森紳一は、「明治十一年の副島種臣」の原稿の続きを書こうとしてはいるものの、書けない。この時期の彼は、毛筆で原稿を書いている。たぶん、筆圧の関係で、その方が楽なのであろう。ちなみに、植草甚一は鉛筆だった。まあ、それはともかく、草森紳一は書くべきことも分かり、頭もはっきりしているのに、筆を持ったままでいるしかない。心と身体がすれ違っているわけだ。つまり、ボーとしているという状態なのである。右の引用は、そのボーとした状態から、かなり経過した後だったのだろう。たぶん、「朝」を迎えたことで、身体が動き始めたということではないか。

この後も、当時の草森紳一は、また『江木鰐水日記』を読み直す。そこから、ベーコンの友人がインタビューした本『肉への慈悲』（筑摩書房・一九九六年六月）へと話が飛んでいるのだが、これは、「ベーコンの永代橋」を執筆している現在のことではないか、と疑われる。

話題としては、福山藩の五十川義集が牛肉を食べていたようだということから、天保八年二月、その義集から、江木鰐水のところへ「ブリ（鰤）三尾、牛肉の味噌漬」送られて来たのだという。ここまでは、「吐血」時のことかもしれぬ。だが、そこから、不意に「肉といえば、血。肉といえば、ベーコンだ。フランシス・ベーコンの絵だ。」と「其ノ五」で展開しているが、そこから先のベーコンについての記述は、やはり、「ベーコンの永代橋」の連載五回目を書いている時のことだと考えるべきだろう。

インタビュー本『肉への慈悲』は、その後、文庫となっている。改題された、ディヴィッド・シルヴェスター／小林等＝訳『フランシス・ベイコン・インタビュー』（ちくま学芸文庫・二〇一八年六月）がそれで、こちらは「ベイコン」という表記である。ベーコンが「写真と現実のあいだには少しの距離がある」ことにより、そのおかげで「現実」へと連れ戻されると言っているのが興味深い。映画『戦艦ポチョムキン』に登場する、泣き叫ぶ乳母のスチール写真も掲げられ、そこにプッサン『嬰児虐殺』（部分）の「叫び」も並べている。そんな風に文庫のインタビュー本を読み始めると、元に戻れなくなりそうだ。

草森紳一の、先の引用文に戻ろう。

その引用文の後、ベーコンのインタビュー本に触れ、不意に「この原稿を書いている最中、疲れて仮眠をとった時に見た夢がある」と語り始める。これは、どう考えても「ベーコンの永代橋」の執筆している現在となろう。その夢を引用してみる。

《私は、ビルの三階の窓からガラスごしに外を見ている。そのビルの前には、小さな空き地があって、そこへ荷台のついた一台のトラックが、激しい交通量の車道から急にそれて入ってくる。まもなく荷台は、砂利をおろすトラックのそれのように、斜めに高く空に向ってあがる。その荷台の床には、赤い筋のはいった白いかんぴょうのような、いや、蟹の爪だけをとりだした細長い肉片のようなものが、ぎっしりと積み重なっている。砂利のようには、滑り落ちずに荷台にはりついたように留まっている。ぬめりとした紅白に湿りのある色合いが、グロテスクなまでに美しく、おいしそうだった。

「あれは、人間の肉だ」

と私は思う。》

夢の話である。「肉」が出ているのは、フランシス・ベーコンについて書いている時に眠ってしまったからだろう。草森紳一は、先ほどの『肉への慈悲』という本から、「画家であれば肉の美しさを想起すべきです」などと言葉を拾っているが、つまり、「吐血」時から一年以上経った、「其ノ五」を執筆している現在の草森紳一の体調が「肉」を求めるほどに回復しているということであるのかもしれない。「グロテスクなまでに美しく」から、さらりと「おいしそう」へ思考がジャンプしている。

ちなみに、草森紳一は「あまり肉好きではない」そうだ。ところが、「吐血」により入院し、退院（というより、脱走か）後、「やたらと肉が食べたい」と感じたエピソードが、「ベーコンの永代橋」の連載十一回目、「其ノ十一」にある。彼は「病院の指示よりも、肉体の声に従うことにし、肉を食べている。

この夢の話が「其ノ五」の末尾であり、「其ノ六」は、冒頭からベーコンのインタビュー本である『肉への慈悲』で、エイゼンシュテインの映画『戦艦ポチョムキン』に触れられていることから、ほぼ全篇、エイゼンシュテインについての論述に終始している。草森紳一が映画『戦艦ポチョムキン』を見たのは一九五〇年代後半の学生時代であり、ベーコンは一九三五年頃だったらしい。まあ、私のことはどうでもいいが、一九七〇年代には見たと思う。とは言うものの、映画館の特集上映だったか、フイルムセンターか、どこかの大学祭か、まったく思い出せない。有名過ぎる映画なので、見ないではすまされない作品だということだ。

ここで私が、映画『戦艦ポチョムキン』に触れる必要はあるまい。「ベーコンの永代橋」の「其ノ六」を執筆している時点の草森紳一は、〝吐血事件〟に全く触れていない。つまり、それほどに体調が良かったということなのだろう。「其ノ五」の末尾で、「肉」を話題にした時点で、回復を実感していたということだったのかもしれない。

つまり、「吐血」時に、ようやく「朝」を迎えた思いと、「其ノ五」の末尾における回復の実感が、「複合（コンプレックス）」しているのではないか、ということを指摘したいのである。いや、「回想の連合」という用語を使った方がよいだろうか。

あの「吐血」時に、草森紳一は「戸外を走る車の音」のみで「朝」を知った。言い換えれば、窓のところへ向かい、その明るさで「朝」を知ることがなかったということになる。「其ノ五」の末尾における、夢の場面は「朝」だと断定できないのだが、「ビルの三階の窓からガラスごしに外を見ている」という視点は、まちがいなく、草森紳一がそのマンションから永代橋の辺りを眺めることに酷似していないだろうか。

草森紳一の『散歩で三歩』（話の特集社・一九九二年八月）には、彼自身による多くのスナップ写真が載っている。その中に、永代橋の辺りの、ごく日常的な風景や、それこそ、その永代橋近くにある彼のマンションから外を撮ったものもある。

草森紳一は、あの「吐血」時に立つことがなかった窓のところに、夢の中で立ったのではなかったか。

その夢の場面は「朝」でないにせよ、彼が復調し、その肉体が「朝」を迎えたことを示しているように思える。

そうだ、「しばしば朝まで考えこむ」草森紳一は、「其ノ五」の末尾においても、夢の中で「朝」を迎えたのではなかったか。

七　アテネ・オリンピックの途中で、ＴＶが「こわれちゃった」

草森紳一の家のＴＶは、アテネ・オリンピックの途中で「故障」したが、「なん日かたった朝」、突然「点燈」し、画面をのぞいたら女子マラソンだったのだという。なんと、日本の野口みずきがトップを切って走っている。一人旅の独走だ。快走しているではないか、と思わず草森紳一は画面に見入ってしまう。

《ただ、ゴールのテープは見えてこないが、前方の空は、一面、金色に染まっている。そうか、エーゲ海の暁の空は、こうなるのか。金色というより、ゴールドというべきか。マラソン・ランナーは、景色を眺める暇などないといわれているが、これでは、いやでも前方に幕を落とした金色の空を見つめざるをえまい。身も心も金色に染まるような気持ちではないかと想像したが、案外金の「ゴールド・メダル」のことしか考えていないかもしれない。空を埋める真赤な太陽は見たことはあるが、これは、まったく予想していなかった景色なので、いいぞと、単純に驚いた。もう少し先から見れたらな、惜しいなあと思った途端、プツンと画面は消えた。

あわててTV受像機を叩いたり、左右にゆすってみたりしたが、もうウンともスンとも応答はなかった。寿命が尽きたのだろう。すぐにあきらめた。》

引用は、草森紳一の『夢の展翅』(青土社・二〇〇八年七月)からである。二〇〇七年一月号から二〇〇八年二月号まで、雑誌「ユリイカ」に連載されていたので、「ベーコンの永代橋」と、少し重なる時期の連載ということになろう。二〇〇七年の「ユリイカ」十一月号、十二月号は休載となっているが、体調不良によるものか。草森紳一は、二〇〇八年三月に亡くなったわけだが、それまで、TVは「故障」のまま放置されていたのかもしれない。

アテネ・オリンピックの女子マラソンは、二〇〇四年八月二十二日の早朝に始まった。その後、『夢の展翅』を雑誌連載した時期まで、草森紳一はTVをずっと見ていない。そもそも、それまでも、スポーツ中継しか見ていなかったという。

その頃の、草森紳一のルーティンは、原稿を書く前に、TVでスポーツ中継（スポーツなら、なんでも）を見て、マンガを一冊読むことだったらしい。彼には「締切りギリギリにならないと、という悪習」があり、本人も充分に自覚しているものの、そういう「個人的集中の儀式」によって、助走というか、ウオーミングアップしないことには始まらなかったようだ。

それにしても、草森紳一のアナログぶり、そのあきらめの早さなどに、改めて驚かざるを得ない。いや、他人のことは言えないか。

草森紳一はまずTVを失い、やがてマンガを読むこともなく、原稿に向かうようになる。このアテネ・オリンピックの、女子マラソンの「朝」も、原稿を書き続けながら眠ってしまったのではなかろうか。

当然のことながら、『夢の展翅』でも〝吐血事件〟が語られている。先ほどの引用は月刊誌連載の五回目であるが、連載の一回目（「ユリイカ」二〇〇七年一月号）で、既に「吐血」に触れている。

《昨年［二〇〇五年］、私は吐血した。夢の中で吐血し、驚いて目が醒めると血の海で、正夢だったのかと起きあがろうとするや、また血を吐いた。眠る夢の中の吐血は、そのまま目醒めたのちの現実とつながっていたのである。惜しむらくは、驚いて目が醒めた時、どういう夢の中で血を吐いたのか、忘れて（消えて）しまっていることである。目が醒めてからの現実がなかなかに「夢」のようで、夢の中から引っ越してきたみたいであったけど。

吐血後、痛くも痒くもないのに、体力をまず失い集中力を失い、心身ともに不調であった。物書き生活をほぼ一年半、停止を余儀なくされたが、皮肉にも夢の収穫（記録）は、吐血以前より、はるかに多い。保養のため、眠る機会がひんぱんになったためであるが、健康な時より、暇にまかせて、記録の意志をすこしく積極化させたからである。まあ、一日に一つは、夢をゲットしている。つまり展翅にも成功している。》

現実と夢の間に〈橋〉がかかることがある。言い換えれば、「現実と夢という分別が消滅する」ということでもあろうか。

私がまず目を向けたのは、「ベーコンの永代橋」における、〝中断している原稿を書く〟というモティーフであったが、ここにあるのは、失われた夢を求める思いである。まるで、蝶を採取し、標本をつくるように、夢の翅を広げ、その意味を探るわけだ。それこそ、タイトル名も

『夢の展翅』であり、連載は四回目以降、まるで〝中断している原稿（李賀論）を書く〟ように、〈李賀の夢の詩〉を論評し始めている。

この『夢の展翅』からの引用については、ちょっと記憶しておいていただきたい。少し角度を変えて考えるべき点があるから、である。後で、もう一度、同じ引用を繰り返すつもりだが、そこで、話題がふらふらと、あちらこちらへさまよってしまう、この私の文章も終わりになるはずである。

さて、右の引用とほぼ同様のことが、「ベーコンの永代橋」の「其ノ三」にも述べられていた。

《私がこの年の三月の末に、夢の中で血を吐いたのも、その例である。かえすがえすも遺憾でならぬのは、血を吐くまでの夢が思いだせぬことである。なんどもいうが、夢は、ちょっと首を動かしただけでも、ストーンと姿を消してしまうので（ひどい悪夢などは、いつまでも憶えていたくないので、都合よくもあるが）、目を醒ましてみると、寝床が「血の海」（なんとも大袈裟な通俗言葉で気もひけるのだが、感覚的には、真相を穿っているのだ）だったので、さすがの鉄仮面の私も、動顚して、連続する夢の通路を断ってしまったのか。ワープロやメールの消却ボタンを押したが如くに、奈落の闇底に吐血と連続していた夢を封じこめてしまったのだ

とすれば、なんとも「物書き」としては、口惜しい。》

ここでは、話が逆立ちしている。「吐血」後に、〝中断している原稿を書く〟ことにこだわりを持っていたはずの草森紳一が、むしろ〝中断している夢を見る〟ことの方へ向かっているではないか。

いや、「逆立ち」というより、意志的な「倒錯」があるというべきなのであろう。

これこそが、「回想の連合」なのか。

気持ちが弱っている時は、〝中断している原稿を書く〟方へと、現実的な思いへ向かい、逆に、体調の回復を実感している場面では、〝中断している夢を見る〟ことの方へと気持ちが傾くのかもしれぬ。二つの心情は別の現象のようでありながら、その根のところは同じなのであろう。

既に、「現実と夢という分別が消滅する」ところに、草森紳一が立っているということでもあるか。

八　『死』に向かって戦慄する生のすがた

最初は、「ベーコンの永代橋」の「其ノ七」から引用を始めたのだった。そこで〝吐血事件〟が、数度目かの「おさらい」をされていたわけだ。よく見てみれば、その「其ノ七」でも「夢と現実は、連鎖していた」と書かれていた。続けて、次のようにも述べられている。

《のちに急性胃潰瘍（なんという凡庸な病気であることか）だとわかるが、すぐ病院へ行けという友人にさからって、路上で激しい問答となったが、病院へ行かずとも治ると言い張り、クルリと背をひるがえし、マンションの部屋に戻ろうとする途中、入り口の廊下にあるメイルボックスを覗くと、わが小特集が掲載されている『エンタクシー』が届いており、それを手にもって、「ふん、何の因果ぞ」とさして感心することもなく、怒ったようにしてエレベーターに乗ったのである。

（中略）

胸を締めつけられるような鈍痛は、三十代からあり、定期的に訪れて私を苦しめるが、こんどはストレス系の血を吹く急性胃潰瘍とは、なんとも「やれやれ」である。物書きになって以来、ストレスは、なかば常食となっているので、てっきり免疫になっているとばかり思っていたのだが、かくも景気よく吐血したとあっては、「やれやれ」なのである。それにしても、長びく。一年半たっても、まだ快癒とはいかぬ「やれやれ」なのである。》

この引用部分の後、草森紳一はフランシス・ベーコンの死に触れ、エイゼンシュテインの最期についても簡潔に述べている。

草森紳一は、まちがいなく自らの死を意識し始めているように思う。前に、永井荷風の、自らの最期についての言葉を引用しているのを見たが、もちろん、それも自らの最期を思えばこそであったろう。高橋英夫が、内田百閒『長春香』（福武文庫・一九九〇年・九月）の解説で、「百閒は幾度も病気をしている。病気と共同生活をしている。そういう人物が病気を怖れるというのは、たんに人生の対岸に犇めいているそれにおびえているのとは違っていた。」と書いている。「自分の内部に巣食っているものが怖しい」のだともし、「『死』に向って戦慄する生のすがたを見つめていただけなのだ」と言葉を重ねている。それは、草森紳一の姿のように見えなくもない。

ついでながら、「長春香」という短文は、内田百閒の女弟子（長野初）の死を題材としたもので、哀切な作品である。内田百閒の文庫本では、もともとの単行本をもとにした旺文社文庫が好みだが、福武文庫は新仮名づかいで、内容別のアンソロジーとなっている。また、福武書店版『新輯　内田百閒全集』を底本とした、同じく新仮名づかいの、ちくま文庫（内田百閒集成・全24巻）などもある。

さて、「ベーコンの永代橋」の「其ノ八」は、ベーコンの絵の話題から、少しだけ「吐血」後のことに触れて、「痛くも痒くもなんともないのに、足が動かなくなった」辛さについて述べられている。「これには本当に往生しつづけている」とし、「吐血直後とか入院中に歩けなかった」ことや、「吐血後、一年半たった今では、千メートルぐらいなら平気で歩けるようになった」ことが、「散歩好きの私にとっては、なんとも困ったことである」と嘆く。永代橋まで百メートルぐらいのところに住んでいるのに、その近辺を歩くだけでも難儀になっている。

文章は、永代橋への散歩から、エイゼンシュテインの映画『十月』の論評へと向かう。そこに「橋」が出てくるからである。

続いて、「其ノ九」は、小説家の堀田善衛が、一九四五年（昭和二十年）三月十八日に永代橋を渡った話である。もしかしたら、「その先は永代橋」の連載で使いたかった話題の一つであったかもしれない。この時、堀田善衛は二十六歳。東京大空襲から一週間という頃、「想像を超えていた」焼け跡の光景を見る彼の姿を、草森紳一は細述している。実は、この部分が、私に内田百閒の、哀切な短文「長春香」を思い出させたのだ。もっとも、内田百閒の女弟子は、東京大空襲ではなく、関東大震災で亡くなっているわけだが——。

堀田善衛『方丈記私記』（筑摩書房・一九七一年）には、若き日の彼が、「知り合いの女」が住んでいた「現場へ行って訣《わか》れが告げたかった」とある。草森紳一は、「なんということか。つまり、もう彼女は『死んでいる』と堀田青年は決めてしまっているではないか」と驚いている。「それほど厳しい、状況だった」と考えたり、「万が一の生存という希望さえ、退行させてしまっているのは、自分の生とてなんら保証のない状況を生きていたからか」とも思いをめぐらす。いずれにせよ、「せめて彼女の死の現場なりを訪れ、『訣れ』を告げないではいられない事情の女性だった」ということなのであろう。

その当時の堀田善衛は、洗足の友人宅に身を寄せている。「本所深川は全滅」という噂は聞いていたものの、十八日の早朝に家を出て、「電車のあるところは電車に乗り、なくなれば歩いて深川をめざして行った」。堀田青年は、永代橋を徒歩で渡って驚く。堀田善衛は『方丈記私記』で、それを「おどろいてしまった」と書いている。つまり、「驚いた」や「愕いた」という漢字では表現できない「当時の感」があるというのだ。

《永代橋を徒歩でわたっていて、本当におどろいてしまった。いまここに、おどろいてしまった、と平仮名で書いたのは、驚いた、愕いた、と漢字で書いたのでは、どうにも当時の感が髣《ほう》髴《ふつ》としない、と感じるからである。驚にも愕にも、ともかく何等かの一定の枠《わく》というものがあるように感じる。けれども、この時のおどろきは、まったく後にも先にも経験のなかったものだからである。永代橋の途中で、私は思わず立ち止まってしまった。朝日が空の途中まで上っていたけれども、その中途半端な朝日の下に、望み見る門前仲町や洲崎《すさき》弁天町や木場の多いあたりは、実に、なんにもなかった。実になんにもなくて、ずいと東に荒川放水路さえが見えそうな心地がした。平べったく、一切が焼け落ちてしまっていた。》

堀田善衛『方丈記私記』の一節である。草森紳一も、この部分を引用して論評し、なるほど「からっぽ」とか、「すっからかん」というべき光景が眼前に広がり、平仮名を選択する理由も分からなくもないと言う。草森紳一自身は「動的な漢字」でもいいと思うが、そこは、「人それぞれの感受性に従うしかない」というわけだ。

橋の上から見たからこそ、そこに「平べったく、一切が焼け落ちてしまっていた」光景が強烈な印象を堀田青年に与えたのかもしれない。「現実はやはり想像を越えていた」と、『方丈記私記』にはある。「実になんにもなかった」という感覚を、「平べったく」という印象に重ねると、それはもう「平仮名」がふさわしいと草森紳一も述べている。

それは「焼野原」などというものではないということなのだろう。草森紳一は、さらに、「すべて焼尽して『平べったく』瓦礫となってしまったか」と幻視している。

実は、この「平べったく」という印象の先に、もう一理由を述べなければならないかもしれないが、ここでは、それには触れないでおく。『方丈記私記』の本文を読むべきであろうし、草森紳一が細かく論じていることも尊重しておきたい。私なら、ミッシェル・フーコーの権力論でも援用して語りたくなるところだ。

焼け野原そのものにこだわれば、ここでは田村隆一の詩「立棺」を引用しておきたい。

わたしの屍体に手を触れるな
おまえたちの手は
「死」に触れることができない
わたしの屍体は

群衆のなかにまじえて
雨にうたせよ
われわれには手がない
われわれには死に触れるべき手がない

ほんの一節を引用したが、小説家の開高健が『人とこの世界』(河出書房新社・一九七〇年十月)というインタビューをもとにした、「文章による肖像画集」で、この詩「立棺」の読み方を教えてくれている。広津和郎を始めとし、大岡昇平、武田泰淳、金子光晴、今西錦司、深沢七郎、島尾敏雄等々、十二名を対象としたものだが、その最後が田村隆一なのである。

その「読み方」は、「この長詩の各部の二行だけをとって並べる」という、「はなはだ野蛮な」試みである。

われわれは手がない
われわれには死に触れるべき手がない

われわれには職がない
われわれには死に触れるべき職がない
われわれには職がない
われわれには生に触れるべき職がない

地上にはわれわれの墓がない
地上にはわれわれの屍体をいれる墓がない
地上にはわれわれの国がない
地上にはわれわれの死に価いする国がない
地上にはわれわれの国がない
地上にはわれわれの生に価いする国がない

われわれには火がない
われわれには屍体を焼くべき火がない
われわれには愛がない
われわれには病める者の愛だけしかない
われわれには毒がない
われわれにはわれわれを癒すべき毒がない

なんという見事な切り口だろう。もちろん、開高健は言っている。「こういう列挙はこの水晶質の長詩から手だけを切りおとして観察するようなふるまいでくれぐれもお詫びしたい」と。当然のことながら、開高健の、「私のいいたいことがほとんどすべてかいてあるという感動」が先にあり、それを分かち合うための〝試み〟なのである。開高健は「詩は一瞥で感知すべきものであって分析すべきものであるまい」と述べるものの、それなりの「読み方」を指摘して悪いわけはない。「一瞥で感知すべき」ということを否定するわけではないが、そのことを大袈裟に言いすぎると、不可知論にしかならないし、〈詩人〉でない人がその振りをすることを助長させる。〈詩〉の秘密は、柳生武芸帳のようなものに隠されているわけではない。

もっとも、私の知っている詩「立棺」は、この「各部の二行」が既に「連」から切り離されて、二字分下げられ、独立した「連」となっている。

また、田村隆一本人も言っているのだが、この詩「立棺」は、そのタイトル名を鮎川信夫から、「わたしの屍体を地に寝かすな」という一行を中桐雅夫から「じかに分けてもらった」というのでも有名である。田村隆一は言っている。「『おまえたち』も、ただ『われわれ』のヴァリエーション（変化）にすぎない世界、これが『立棺』という言葉から挑戦をうけたわたくしのテーマなのです。」と。「ただ数のなかに漂う世界」でもあるというわけである。「立棺」は「タチカン」と読むのが正しいのだそうだ。埴谷雄高の小説『死霊』が「シリョウ」ではなく、「シレイ」と読むのと同じこだわりか。

それにしても、詩「立棺」には、なんと見事に「焼跡の無機質の清浄と陰惨」とが示されていることだろう。

開高健は、それを「あらわな、口ごもらない、正面からの凝視と指摘」とも、自らが「呼吸していた混沌」に「形を与えてくれたよう」とも述べている。

その返す刀で、「それまでの詩人の作品がよく才華の意想奔出によるリズムのためにうつろで硬い鎧か、造花に似たジュー・ド・モ（ことばのあそび）に終りかねないことが多かった」と批判し、田村隆一の詩「立棺」には「認識と、思惟と、リズムがそれぞれ白裸のままで結合しあっている」と評言している。

開高健もまた、「恐怖」に直面した一人であるからなのだろう。

埴谷雄高『螺旋と蒼穹』（未来社・一九九五年九月）に、「事実と記録の時代――開高健について」という短文が収録されている。今でも私は、埴谷雄高の本は、難解な漢字を組み合わせた、この未来社版『××と××』シリーズによることが多い。

埴谷雄高は言う。「二十世紀は巨大な底もない『事実』の世紀であるけれども、しかしまた、残念ながら、より正確にいえば、『事実らしい文学』の世紀であるといわねばならない。」と。つまり、「数千万人が同時にその数千万人を『意識的』に、また、『無意識的』に殺しているとき、もはやそこからひとりの『個人の苦悩』を任意に抽出できぬ」というわけだ。それは「簡明無内容な『数字』のかたちからそれほど遠く踏み出し得てはいない」。先の、田村隆一本人が詩「立棺」について述べている言葉と、そっくりそのままの認識である。「おまえたち」も、「われわれ」のヴァリエーション（変化）に過ぎず、「ただの数」であるしかない。

そこで埴谷雄高は、開高健という小説家を「国際的な恐怖の直面者」とし、「二十世紀の世界の目も鼻もわからぬ不気味な顔との絶えざる対面者」ではないかとみるのである。従軍記者になったり、旅行者になったり、釣り師になったことさえ、それが理由ではないかと考え、そのように「巨大見尽し得ぬ二十世紀の全体に目をそむけず直面」する開高健の姿を、次のように述べている。


《……開高健の図太い姿勢は、この事実と「事実らしい」記録の時代において、次代へ架けるべき数少ない一本の橋として尊重されねばならない。》

埴谷雄高は、ほめ上手なのだが、つまらぬヨイショをしているわけでもあるまい。ここに見られるのは、フランシス・ベーコンが追い込まれた「崖」と同じものだと思われる。その「恐怖」に直面したのが堀田善衛であり、田村隆一であり、開高健であったということだ。その「『死』に向かって戦慄する生のすがた」は、草森紳一の思いにも重ねて見るべきであろう。

本来的には、堀田善衛が永代橋を渡った話は、一九九六年に雑誌「東京人」に連載された、「その先は永代橋」の方への収録がふさわしいような気がする。永代橋を渡った清河八郎、小津安二郎、黙阿弥、志賀直哉など中に、堀田善衛も絡めて不自然なことは何もない。その連載の時、堀田善衛のことも、草森紳一は考えていたと思う。ただ、たぶん、テーマとして重過ぎたのではなかったか。

実は、「ベーコンの永代橋」で堀田善衛の話題が出たところで、田村隆一も堀田善衛『方丈記私記』について書いていることが、私の頭をよぎっていた。一九七一年九月に書評紙「週刊読書人」に掲載された書評である。もちろん、私は田村隆一『詩と批評C』（思潮社・一九七二年十二月）に収録された単行本で読んだわけである。同じ本を読んで、同じ永代橋を渡ったところに触れているので、田村隆一の感想が、草森紳一のそれと重なるのは当然のことなのだが、田村隆一の方は、さらに、東京大空襲による焼け野原と『方丈記』とがどこでつながっているのか、まで触れている。

《……『千載集』に一首入選し、後鳥羽院に見出されて、和歌所の寄人《よりゅうど》にまでなった長明（鴨長明——引用者）が、なぜ、「歌」から訣別して、『方丈記』という散文の世界に入っていったのか、「私」（堀田善衛——引用者）は云う——「定家や後鳥羽院などの一統、朝廷一家が、悲惨きわまりない時代の現実はもとより、おのもおのもの『個性』あるいは『私』というものも捨象してしまった、いわば『芸』の世界、芸の共同体を組織し、その美学を高度に抽象化すると同時に、反面でのマナリズム、類型化をもたらすべくつとめていたとき、長明は『私』に帰った。すなわち方丈記に見る散文の世界がひらけて出て来るのである。」》

田村隆一の書評である。途中から引用されているのは、堀田善衛『方丈記私記』のものであり、長いので適当に私が切った。また、「おのもおのも」というのも古めかしい言い方だが、漢字を当てれば「各も各も」であり、「おのおの、めいめい」の意である。「個性」というか、「私」というものが捨象されたということは、開高健について論じた埴谷雄高の言葉とも響き合う。

草森紳一が亡くなるのは、二〇〇八年（平成二十年）三月十九日と推定されている。「吐血」の三年後ということだが、偶然のことながら、この日付に、堀田善衛の小説『記念碑』が、『方丈記私記』も含めて絡んでいる。

《和平派の枢密顧問官深田英人、その秘書をつとめる石射《いしい》康子、康子の愛人で通信社海外局次長の伊沢信彦、英人の娘と結婚した康子の長男石射菊夫海軍少尉、康子や伊沢につきまとう特高刑事井田一作、康子の住むホテルのウエイトレス鹿野邦子――
これら各階層の群像によって、戦争末期の歴史を描いた堀田善衛の長編「記念碑」(昭和30年)で、最下層に属する邦子が最高位に立つ天皇の姿をかいまみたのは昭和二十年三月十九日だった。》

槌田満文『名作365日』(河出書房・一九六四年一月)から、三月十九日の記事「記念碑」の前半部を引用した。明治・大正・昭和の名作の中から、その月その日が文中に出てくる作品をとりあげた労作である。引用は、その日の全体の七〇パーセント程度である。長編小説のあらすじをあざやかにまとめ、その、もっとも意味ある日を選ぶ槌田満文という著者が凄い。長編小説では、ウエイトレス仲間が焼け野原を歩き回るが、堀田善衛自身の体験だったというのも驚きである。

はからずも、堀田善衛が三月十九日に永代橋を渡ったことと、草森紳一の死の日にちが重なり合ってしまう。

九　李賀の詩才ぶりを示すために

少し、わき道にそれるが、李賀（李長吉）の詩に触れておきたい。田村隆一の詩「立棺」を読む、その開高健の「切り口」から、杜牧の「李長吉歌詩叙」についての、草森紳一の〝試み〟を思い出したからだ。

雲烟綿聯、不足為其態也。
水之迢迢、不足為其情也。
春之盎盎、不足為其和也。
秋之明潔、不足為其格也。
風檣陣馬、不足為其勇也。
瓦棺篆鼎、不足為其古也。
時花美女、不足為其色也。
荒国陊殿・梗莽丘隴、不足為其怨恨悲愁也。
鯨呿鰲擲・牛鬼蛇神、不足為其虚荒誕幻也。

草森紳一が、その十代の終わりの頃、初めて接した、李賀の注釈本は、江戸時代に出された官板（昌平坂学問所）の『李長吉歌詩』だったのだそうだ。まだ、一九五九年二月刊行の荒井健＝訳注の『李賀』（岩波書店）も、一九六二年五月刊行の鈴木虎雄＝注釈『李長吉歌詩』上・下（岩波文庫）も出ていない頃である。

その官板の『李長吉歌詩』には、杜牧の叙（序文）が付いているが、その一部分を、草森紳一が「九つに切って横一列」に示したのが、右の引用である。草森紳一は言う。

《「態」「情」「和」「格」「勇」「古」「色」「怨恨悲愁」「虚荒誕幻」の九つは、みな人間の心のうちにある働きによって導かれるものだが、とりわけ李賀の表現力によって、自然や事物や幻想的現象までもがその魅力以上のものとなって、はるか超越してしまうというのである。これは、どうしたって間違っていない。》

草森紳一は「杜牧は、なかなかの詩人であるが、私にいわせれば、李賀にくらべて数百等は落ちる」と言ってはばからない。一応、『広辞苑』第五版をのぞいておく。杜牧（803～853）は、「晩唐の詩人。字は牧之。陝西の人。剛直で気節があり、詩は豪放、また艶麗で洒脱。杜甫に対して小杜と呼ばれる。行書と画に秀で、兵法をよくし孫子の注釈がある。」とあり、よくまとまっている。

ついでながら、李賀（791～817）の方も『広辞苑』第五版で見てみよう。「中唐の詩人。唐の宗室の後裔。字は長吉。早熟の天才で、七歳で詩文を草し韓愈らを驚かせた。」とあるが、草森紳一からみれば、そこに「鬼才」という語句がないだけでも不満だろう。若くして亡くなったことについての言及がないことにも腹を立てたに違いない。

俗に、「ディスる」などという言葉があるが、草森紳一は、杜牧の「叙」（序文）に当たり散らしている。あれこれにチャチャを入れている。どうも、李賀の友人であった沈子明という人物が、「当時のスター詩人」であった杜牧に「叙」を依頼したらしいのだが、その依頼を「なんども断った」ことから始めて、その態度、その言葉に、草森紳一はいちいち反応している。それには触れないが、興味がある人は『夢の展翅』の最終章を見てもらったらいい。

不意に私が、この一節を思い出したのは、「李賀の詩才ぶりを示すため『不足』『足りぬ』尽しで展開しているくだり」が、田村隆一の詩「立棺」における列挙と似ているところがあったためだ。もちろん、内容としては関連があるとは言えないだろうが、どこか遠くで、何かがつながっているようにも思う。

草森紳一は、「自然やこの世の現象（戦争や牛鬼邪神までをふくむ）の魅力も、それらを歌った李賀の表現力にくらべたら、物足りぬという例をつぎつぎと、読者に息つく暇もあたえぬ勢いで、語って」いるところに興味を持ち、少なくとも、この部分に対しては「さすが杜牧といわしむるに足る」とし、「李賀における文学の勝利」を実感しているのだろう。田村隆一の詩「立棺」を、たんに「文学の勝利」などと言っても意味はないが、そこに〝時代の恐怖〟に直面した力を感じないではいられない。

草森紳一は、右の引用についての原田憲雄の訳も引用している。原田憲雄＝訳注『李賀歌詩編』Ⅰ・Ⅱ・Ⅲ（平凡社・一九九八年〜一九九九年）から、ここでは、草森紳一のように「九つに切って」みる。

雲煙の綿聯とつらなるさまもかれの詩態をたとえるには物足りぬ。
水の迢迢とただようさまもその情をたとえるには足りぬ。
春のうらうらとするさまもその和やかさをたとえるには足りぬ。

秋のすっきりしたさまもその格をたとえるには足りぬ。

颪をはらむ戦艦のマストも陣中を疾駆する軍馬もその勇壮をたとえるには足りぬ。

瓦の棺も篆字《てんじ》を刻した鼎《あがた》もその古雅をたとえるには足りぬ。

四季の花も美女もその艶麗をたとえるには足りぬ。

荒れた国土、崩れた宮殿、荊棘《けいきょく》におおわれた丘や畝も、その怨恨悲愁にたとえるには足りぬ。

鯨が潮を吐き海亀がおどりあがり、牛鬼や蛇神が現れても、その虚荒と誕幻とをたとえるには足りぬ。

まずは「離騒」の子孫といったところであろう。

末尾の「離騒」は、言うまでもなく、『楚辞』に収録されている屈原がつくった長編叙事詩である。讒言にあって退けられた公憤を述べたものである。それも〝時代の恐怖〟と言えないこともあるまい。王の側近として活躍したものの、妬まれて失脚、湘江をさまよい、汨羅に身を投げたわけだ。

李賀の詩が、その「離騒」の系譜につながっている。

十　「吐血」後の日々

さあ、「ベーコンの永代橋」に戻ろう。その連載「其ノ十」では、「橋」にからめながらも、再びベーコンの話題に戻る。私は、それに触れない。

草森紳一が、再び「吐血」に触れるのは、「ベーコンの永代橋」の、連載「其ノ十一」の冒頭である。

草森紳一は、まるで病後の回復のためのように、マンガ『SLAM DUNK』を読む日々を送っている。

二〇二三年の現在、原作者・井上雄彦が監督した映画『THE FIRST SLAM DUNK』は、昨年末にアニメ映画化され、〝スラダン熱〟が再熱している。十五年前の草森紳一が、もしも『スラダン』の映画化を知ったら何を言うだろうか。

《今、「A5判」の大きさの本で、井上雄彦の『SLAM DUNK』（全二十四巻。完全版と詠う）を読んでいる。厳密には、読み直している。

二年半ほど前、血を吐いた時の、「余徳」を受け、名にし負う『SLAM DUNK』（全三十一巻）

をはじめて完読したのだが、その時は、ポケット版である。

血を吐く前後、永代橋のたもとに「シサム」というレストランがあった（その後、地の利の悪さに勝てぬのか二度も店が変わっている）。ドアを押して開き、小さな廊下を渡り、客室のある店の中へと入るその途中に、小さな棚がある。そこには『スラムダンク』（以下片仮名にする）の全巻が、ゾロッゾロッと横に並んでいた。「揃い」というのは、珍しい。大ファンでも、必ず抜け落ちができる。同じバスケットものだが、目下連載中で、年に一冊しかでない『リアル』も数冊『スラムダンク』のうしろに並んでいる。待ち合わせの先客が、相手が来るまでの退屈しのぎに手にとって読むようにと、店長が用意したものである。

（中略）

ランチタイムや、打ち合せとか、仕事が終って一休みといった時に、ほんの十メートル先のアパートに住んでいる私は、よくこの店を利用していた。もっとも、新装開店してから一年も過ぎていなかったが、いつもこの『スラムダンク』の背表紙がずらりと行儀よく並ぶ一個連隊の塊りに向って、じろっと横目をくれて、出たり入ったりしていた。手にとることはなかったが、看板広告のような効果を発揮していて、「読め、読め」と促してはいたのだ。うるさいったら、しょうがない。》

どういうわけか、「其ノ十一」は、マンガの話から、「吐血」直後の「日記ともいえぬメモ」を材料に、二年半前が振り返られている。半年後の自らの死は想像もしていない。むしろ、どのように、回復したのかを書こうとしている。

三月末の入院、九十日分のくすりが出たようだが、やがて、飲まなくなったりもしている。草森紳一は退院（三日の入院、たぶん、無理やりの退院）して、一週間目ぐらいの四月十二日からレストラン「シサム」で〝賄い飯〟をふるまわれることになる。肉を食べたくなる話も「シサム」に絡むものの、病院の指示は「柔らかいもの」であった。一日、七、八杯飲んでいたコーヒーは飲む気にもならないが、ショートピース（煙草）は、「ずっと喫しつづけて」いる。「からだのために、あのピースの毒性は、かえって「薬」になっているに違いない（と信じている）」と、習慣は治らない。「当分死にそうもないな」と、ことさらに思い込もうとしている。以下、「日記」風に、原文を尊重しながらも、適宜アレンジし、抜書きしておく。

一日に二冊限定と誓って『スラムダンク』を読み始めたのは、雨の日であった四月十二日で、その六日目から始まる。既に、「一日に二冊限定」というペースを上回っている。『スラムダンク』はバスケットボールの話だが、草森紳一は中学時代、野球部の主将であったことも、あらかじめ指摘しておこう。

四月十七日　『スラムダンク』は、賄い飯のあと、十九巻二十巻と読む。

四月十八日　(記載なし)

四月十九日　『スラムダンク』二十二巻二十三巻読了。

四月二十日　『スラムダンク』二十四巻二十五巻読了。

四月二十一日　『スラムダンク』二十六巻二十七巻まで。(血を吐いてから、一ヶ月にはならないが、原稿を一枚も書いていていない。)

四月二十二日　『スラムダンク』残り四巻を一挙に読み切る。(『スラムダンク』の読破といれかわりに)壁打ち(一人)キャッチボールを始める。たった三球で終わった。

四月二十三日　五球で息が切れたが、踏ん張って十球までほうる。

四月二十四日　十五球まで伸ばす。「シサム」でカジキのステーキ。

四月二十五日　十六球。夜になって、手術後、はじめて新川のすし屋へ。

四月二十六日　壁打ち、一挙に倍近くの三十球にまで伸ばす。

四月二十七日　三十球どまりでダウン。

四月二十八日　三十五球。五球伸びる。伸ばしたというべきか。賄い飯のあと、腹はふくれて、家に戻って眠る。夢を見る。
四月二十九日　ついに五十球に到達す。
四月三十日　この日を以て、吐血後一ヶ月となる。いまだ酒を飲む気になれない。原稿も一枚も書いていない。今日の賄い飯はホッケ。壁打ちは、中止。
五月一日　壁打ち八十五球。しかも汗なし。膝の曲りをよくするため、今日から膝の屈伸運動をすることにきめる。
五月二日　（記載なし）
五月三日より、六日まで、鎌倉の、ばばこういち氏邸でやっかいになる。夫人が一日三食ごとに、手を変え品をかえてつくってくれる「おじや」が絶妙。市内まで千メートルほど、大散歩を試みる。
五月七日　昼食前に、壁打ち。ついに「百球」に達す。今日の賄い飯は、沖縄料理のゴーヤの大盛り。歩行の方、やはり二百メートルは、まだきつい。
五月八日　今日も「百球」。
五月九日　用あって「シサム」へ行かず。壁打ちも中止。夜、知人が新橋演舞場の裏にあるステーキハウスに招待してくれる。この日、はじめてワインの赤を飲んでみる。ちょっと、つらし。半分残す。
五月十日　百球。
五月十一日　百球。四日連続百球とは、我ながら凄し。夕食にサイコロステーキと赤ワイン。
五月十二日　壁打ち百球がつづいていたが、すこし伸ばして百十球。
五月十三日　賄い飯は、親子丼。
五月十四日　百三十球。おそるべし。
五月十五日　雷雨。退院以来ウンチ黒し。クスリのせいだという人と、それは血のせいだという人がいる。どちらが本当か。いずれにせよ、クスリは倦きた。棄てちゃいたいくらいだ。壁打ち中止。
五月十六日　(記載なし)
五月十七日　百六十球。
五月十八日　百六十球。毎日、「シサム」で赤ワイン。原稿を今日から書きはじめる。眠くなるので、クスリは当分中断と決定。
五月十九日　百六十球。

五月二十日　ついに百七十球。
五月二十一日「シサム」で賄い飯。うっかりして、日課のキャッチボールを忘れてしまう。
五月二十二日　百七十球。新記録だ。夜九時、空腹を感じ、「シサム」へ出かけ、好物の「納豆チャーハン」を作ってもらう。赤ワインを飲む。これまで一杯でとめていたのを今日は二杯飲む。
五月二十三日　雨、壁打ち中止。クスリを飲まぬとウンチが茶になる。黒いのはクスリのせいとわかる。夜、ギョウザのおいしい門仲の宝塚へ。いつものギョウザのほかに、煮魚。この日、はじめて、日本酒を一杯飲んでみる。雷雨。傘を借りて帰る。途中、ふくらはぎが張る。雨の中、しばしば立ち往生す。
五月二十四日　キャッチボール、八十球。極端に減る。息が切れて、これ以上投げられなくなった。
五月二十五日　原稿執筆のため、クスリを飲まないようにしていたが、胃がシクシクするので再開。今日は、快晴なり。壁打ちキャッチボールに挑む。二百球を目指す。ちょうど百球目、すこしいつもより遠くから、投げたくなる。勢いよく転倒。かばい手で、手のひらをすりむき、肩を激しく打ち、腕や膝なども裂傷す。ズボンにもコンクリートでザリザリとすれて大きな穴があく。この時から、壁打ちキャッチボールを中止。

本文では、この後、「エンタクシー」の編集者から、(一人)キャッチボールを「再開」した方がいいと勧められ、「失敗した二百球を目指す」と草森紳一は述べているのだが、どうなったのか知りたいところだ。

友人のカメラマン・大倉舜二も『フランク・ロイド・ライトの呪術空間』(フィルムアート社・二〇〇九年七月)の「追悼文的・跋」で、〝吐血事件〟の二ヶ月後くらいに「グローブ買ってキャッチボール始めたよ」という声を電話で聞き、「そりゃーいい。野球選手だったからな」と言ったと書いている。そこから先、どこまでキャッチボールは続いたものか。

たぶん、「メモ」の方は、右の「日記」風のものよりも、もっと直截的なものであったろうと想像される。その「メモ」をもとにして、この「ベーコンの永代橋」の「其ノ十一」は、いかにもクサモリ的な「雑文」となっている。過去の「メモ」に対して、「二年半」後の、現在の思いがそれに絡み、ついでながら、そこから連想されるものにまで話題が及んでいる。プルーストの小説『失われた時を求めて』における三層の構造と同じである。「コンプレソクス(複合)」と言ってもいい。

右の引用のような、〝「日記」風の再現〟の試みは、いわば事実と「メモ」とをつなぎ、「メモ」とクサモリ的な「雑文」の間にあるような、〝可能性としての「日記」〟とでも呼んでみたい。永井荷風の『断腸亭日乗』の面白さも、そういう現実との不思議な関係性と、ただの事実ではなく、物語を孕む可能性にあるのではないだろうか。

永井荷風は一九五九年（昭和三十四年）四月三十日午前三時頃、胃潰瘍による吐血のため、千葉県市川市八幡町の自宅で亡くなっている。余分なことだが、大学卒業後、私が最初に勤務した高等学校が、そのすぐ近くであった。

少し視点を変えて、「日記」的な表現について考えてみたい。

《ぼくは、ここで、映画の特殊性についての細かい理論にあまり深く立ちいらないようにして、その特色のうちの二つを検討してみたい。これらのものは、他の芸術の特色でもある。しかし、特に映画には、これらの特徴について説明する責任がある。第一に、自然の写真の断片が記録される。第二に、これらの断片がいろいろな仕方で結合される。これが、ショット（またはフレーム）であり、モンタージュである。

写真術は客観的な出来事および現実の構成要素を記録するための複写の大系である。これらの複写像すなわち写真映像を、われわれは、いろいろな仕方で組合わせることができる。これらの複写像は、複写の過程においても、結合される仕方においても、ある程度のゆがみを受ける可能性がある。このゆがみは、技術上避けることのできないものである場合もあり、わざわざ計算にいれられたものである場合もある。その結果生ずるものは、視覚に訴える・相互連関をもつ・さまざまの経験が、正確に写実的に結合されたというようなものではなく、そういうものからかけはなれたものになる。すなわち、現実の経験が完全に改造されたものとなり、自然の予想しなかったように配合されたものとなり、極端な場合には、抽象的な形式主義的に形成されたものとさえもなるが、それでもなお、これらのものは現実性のおもかげを宿している。》

（「演劇から映画へ」）

エイゼンシュテイン／佐々木能理男＝編訳の『映画の弁証法』（角川文庫・一九八九年十一月）から引用した。一九五三年九月に刊行された文庫の「限定復刊」版である。

まるで、「日記」というものが、どのように現実に対しているのか、そこから物語がどのように生まれるのか、についての考察とも読めそうではないか。

現実における体験の「断片」が記録される。これらの「断片」が「いろいろな仕方で結合される」

と、そこにあざやかな物語が発生する。その結合の過程で、その体験が「断片」として記録される際に、「ある程度のゆがみを受ける可能性がある」。この「ゆがみ」は、「技術上避けることのできない」場合もあるし、「わざわざ計算にいれられた」場合もある。ここにもまた、『失われた時を求めて』の三層構造や、「コンプレソクス（複合）」を認めることができるように思う。

《シナリオは、ひとつの情緒から他の情緒へと置きかえられた暗号である。》

（「撮影台本か。いや、映画小説を！」）

同じく『映画の弁証法』から引用した。「日記」も、まるで「暗号」のように現実の体験を置き換えていないか。

《シナリオでは、純粋に文学的な叙述の仕方の方が、不快になるほど事こまかに記述されているために歪められている主役のさまざまのクローズ・アップなどよりも、ずっと多くのものを意味する場合がある。

「空には、死のような静けさがかかっていた……」

こういう表現は、視覚的な現象があたえる具体的知覚性と、いったい、どのようなものを共通にもっているのであろうか。

空のどこかに、静けさを吊るしておけるような鈎《かぎ》でもあるのであろうか。

ところが――

この文章は――というよりも、もっと正確にいえば、この文章をスクリーンの上に具体的に表現しようとする努力は――映画に力をあたえる上に、最も重要なものである。

この文章は、いくつものちいさなショットとなって爆発することのできる「表現の弾丸」をもっている。》（「撮影台本か。いや、映画小説を！」）

引用文中の「空には、死のような静けさが……」というのは、戦艦ポチョムキンの反乱に参加した水兵の回想録の一節なのだそうだ。事細かな事実を伝えられるよりも、詩的な言葉の方が、リアリティーを持つことがある。その「詩的な言葉」が、具体的な「ショット」となって映画となる。エイゼンシュテインは言っている。「戦友を銃殺するように命ぜられた水兵達の銃が、ぶるぶる震えながら、いままさに殺されようとしている水兵達を蔽いかくしている揺れ動いている防水布に、向けられていく――あの絞め殺すような静けさを、この文章は余すところなく描写している。」と。エイゼンシュテインが「表現の弾丸」を実感した瞬間である。

《われわれは、これ以上、科学と芸術とを、質的に対立させておくことを、欲しない。われわれは、これら二つのものを量的に同じものとみ、そこから出発して、社会的――現実的な諸要素よりなる、統一ある、ひとつの新しい形式を、導きだしたいのである。

ところで、このような綜合的な方法を、予言する基礎となるものが、あるのであろうか。これまで、たがいに対立してきた、これら二つの領域の、それぞれの勢力範囲のあいだに、何らかの共通性が見いだされるのであろうか。》(「知的映画」)

エイゼンシュテインが、その映画の初期において、何を考えていたのかがよく分かる一節である。それは、ただ「現実」を写し取るものではないということであり、なぜ虚構が「現実」をとらえることがあるのか等々、芸術一般のもんだいが、特に「映画」を制作するための科学的な側面から新たな問いかけを示している。

とは言え、この「問いかけ」は、文章の場合でも本質的には変わらないのではないだろうか。言葉も映像と同じように、「現実」を写し取ろうとするものである一方、意図的に虚構へ向かうこともある。

そうだ、草森紳一の「メモ」から、「日記」（いや「日記」風か）の再現を試み、「ベーコンの永代橋」の連載「其ノ十一」を読んでいたのだった。

想像力を持たない人は、「ベーコンの永代橋」を読んでも、そこに一人暮らしの老人の、何ともわびしい生活しか見ないことだろう。あるいは、草森紳一がわざわざ演戯的にふるまうようす、その自虐ネタに笑うことなどできない悲惨しか見ないかもしれない。

草森紳一が、「吐血」後の日々を、〝賄い飯〟をふるまわれ、マンガを規則正しく読み続け、（一人）キャッチボールの壁打ちに打ち込む自らの姿を、「二年半」後にふりかえりながら、そこには書かれていないことの、彼が思い描いたものへ想像力を働かすことこそが重要なのではないだろうか。

十一　それは「ポストモダン」ではなく、「ナンセンスの練習」だ

草森紳一は、自らの「最後」の始まりへと戻るように、くりかえし「吐血」時を回想してい

る。本来的な、フランシス・ベーコンという画家についての話題から遠く、さらに遠くなるような、この〝意志的な「雑文」のスタイル〟になじめない人もいるだろうが、たぶん、そういう〝文体〟でなければすくいとれないものがあるということなのだ。

草森紳一を読んでいると、私自身も自ずと草森紳一のような書き方になってしまって、いささか場違いな話題を持ち込みたくなる。

小説家の平野啓一郎に『小説の読み方』（ＰＨＰ新書・二〇〇九年三月）という、啓蒙的な、一種の読書論がある。基礎編と実践編に分けられ、その実践編では、ポール・オースター『幽霊たち』、綿矢りさ『蹴りたい背中』、ミルチャ・エリアーデ『若さなき若さ』、高橋源一郎『日本文学盛衰史――本当はもっと怖い「半日」』、古井由吉『辻――「半日の花」』、伊坂幸太郎『ゴールデンスランバー』、瀬戸内寂聴『髪――「幻」』、イアン・マキューアン『アムステルダム』、美嘉『恋空』がラインアップされている。現代の純文学、ミステリー、ケータイ小説、日本文学だけでなく外国の小説まで扱う、やわらかな手つきが好ましい。

ここでは、高橋源一郎の長編小説『日本文学盛衰史』だけに触れる。さらに、その小説の中でも、森鷗外の小説『半日』に関連した部分のみを扱うのだが、一種の鷗外論にもなっていて面白い。森鷗外の『半日』は、言うまでもなく「家庭内の嫁姑問題」がテーマだ。初期の、香り高い雅文体によるドイツ三部作から、ほぼ二十年後の口語体の作品である。

その『半日』を題材とし、高橋源一郎は一種のパロディに仕立てる。時代を現代に置き換え、「嫁」と「姑」とがテレビを見ながら、と同時に、作中の「夫」もしくは「息子」に向けて、それぞれがチグハグな会話をし合うことにいらだち、それに苦悶する「夫」もしくは「息子」が「森鷗外」なのである。その「鷗外」が、電話で「夏目漱石」に身の上相談をする、という荒唐無稽な内容だ。読みようによっては、馬鹿げた〝お笑い〟でしかないだろうが、よく読めば「本当はもっと怖い」ものが見えてくる。高橋源一郎の小説『日本文学盛衰史』(講談社・二〇〇一年五月)の本文を引用する余裕がないのが残念だ。是非とも、同書を読むことをお勧めしたい。

平野啓一郎の評言を見てみよう。

《「鷗外」という文字を見れば、誰もが、あの「森鷗外」のことだと考えるが、それをただちに、森林太郎という情報源としての人物と同一視していいかといえば、そうではない。森林太郎とだけ刻まれた墓石の下に遺骨が埋まっている人物と、文学史に、ある記述形式によって言語化され、情報化された森林太郎という人物とは完全に一致するわけではないし、実際には数え切れないほどあったペンネームの中から、半ば恣意的に選択されたその「鷗外」という号によって指し示されている、政治、文学、医学といった各方面で繰り広げられた活動の全体を指し示すのかもしれない。あるいは「鷗外が好き」という言い方のように、小説を中心としたその著作群を意味しているのかもしれない。文学史上の一個の問題を指しているのかもしれないし、極端に言うと、あの「森鷗外」とは何の関係もない、まったく別の何かを指しているのかもしれない。

当然、ここでの「漱石」もそう読まれるべきだ。

電話での会話の主は、森林太郎と夏目金之助だと考えてもよければ考えなくてもよく、作品群同士が喋っているとも、全集の二巻目くらいまでと四巻目くらいまでとが語り合っていると考えてもよいのだ。

そういうややこしい面白さが、作者（高橋源一郎――引用者）によって大胆に日本に導入され、独自に追求されたポストモダン文学だった。》

平野啓一郎は、「そうして時空は解体されて、ページの上には、まったく自由な小説的空間が広がる」と述べる。「小説」がそうであるように、「雑文」の場合もまた、「時空は解体されて」、

「ページの上に」、まったく自由な「雑文」空間が広がるのだと思う。
それこそが、草森紳一の〝意志的な「雑文」のスタイル〟のことなのだとも言っておきたいが、まあ、それは後のことだ。話を平野啓一郎の文章に戻そう。

特に、「全集の二巻目くらい」と「全集の四巻目くらい」とが語り合っているのかもしれないという比喩が面白い。森鷗外の「半日」が収録されているのが全集の二巻辺りで、夏目漱石全集の四巻では、「虞美人草」から「坑夫」への表現上の転換があるということであろうか。

昔、高橋源一郎の小説『さよなら、ギャングたち』(講談社・一九八二年十月)を読んだ時の驚きを忘れられない。一九八一年度の群像新人長編小説賞・優秀作であった。冒頭部で、小説の登場人物は、「親が勝手につけた名前や、自分の判断で自分につける名前でなく、恋人たちにふさわしい名前のつけ方がある筈だ」とし、男は女に「中島みゆきソングブック」と命名し、女は男に「さよなら、ギャングたち」という名を送る。「中島みゆきソングブック」は、「S・B(ソング・ブック)」と略称されたりもする。

ポストモダン文学というのを、近代文学へのアンチテーゼとしての面から見ると、たんに近代文学の補集合にしかならない。時間軸の無秩序や記号性、引用、模倣、自己の解体等々の見かけばかりをあれこれ指摘してみても埒が明かない。ここでは、その〝自由への意志〟だけを見ておきたい。

言うまでもあるまいが、草森紳一の〝意志的な「雑文」のスタイル〟が、ポストモダンだなどと言い立てたいのでもない。ただ、〝自虐ネタ〟のようにしかみえないかもしれない〝「吐血」事件〟を、草森紳一がくりかえし振り返るのは、文章を書く上で〝自由への意志〟を秘めていることを忘れてはなるまい、ということだ。そして、それこそが「ナンセンスの練習」と呼ぶべきものだったことに、改めて気づくのである。

言い換えれば、「ベーコンの永代橋」の中に登場する「私」は、「リアルな、物書きの老人」ではなく、「中断している原稿を書こうとする、専心の人」であるというべきだろう。いや、読者である私こそが、まるで「リアルな、物書きの老人」の〝自虐ネタ〟のように、〝ミスリード〟をして来たのかもしれない。演戯的なふるまいと捉えたにせよ、その書くことの意味を、高橋源一郎のように、ふわりと描くことができなかったという反省もある。

たんに〝パロディ仕立て〟や〝パスティーシュ〟としての面からだけで、高橋源一郎の小説『日本文学盛衰史』を読むのはもったいない。その「半日」を扱った部分だけでも、それが「口語体の誕生」を扱っていることが想像されよう。森鷗外の「半日」は、家庭内における嫁姑問題がテーマであり、それが、初期の雅文体では描きようがないから「口語体」になったのではなく、森鷗外が「どんなことでも書く文体」を求めていたからこそ、リアルな嫁姑問題まで対象とすることができたと言ってもよい。いや、「口語体」がどうのこうのというより、平野啓一郎が言っている通り、「文学史上の大問題からワイドショーのお騒がせネタまで、同一地平で取り扱える文体」を求めたということなのだろう。

草森紳一の場合も、様々なジャンルの書物に心惹かれ、しかし半ば反発しながら、そのすべてのニュアンスを微妙に書くことができている。

それは、高橋源一郎自身が、伊藤整文学賞受賞作の、小説『日本文学盛衰史』で試みていることでもあろう。

たとえば、大逆事件を扱った「A LETTER FROM PRISON」などの章は、なんとも端正な、教科書で使いたいような文章である。一見、どこにも〝パロディ仕立て〟や〝パスティーシュ〟を認めようもなく、重い題材と取り組んでいる。普通の小説などいくらでも書ける力をみせながら、目立たぬように、「ニュースステーション」や「ニュース23」を織り込ませている。さりげない異化作用が、まるでワサビのようじゃないか、と思わせる。重苦しい人間主義的解釈から読者を開放している。開放しているのに、「本当はもっと怖い」ことを、なんと見事に語っているのだろう！

もちろん、「ベーコンの永代橋」との関連で触れないわけにいかないのが、高橋源一郎『日本文学盛衰史』の中でも、特に「原宿の大患」の章だ。

《救急車の狭いベッドに横たわり、わたしはわたしを受け入れてくれない病院の名前を聞いていた。時々、意識が途切れ、また気がつくと、救急隊員がわたしの頬に触り、「もうすぐです」といい、でも相変わらず、「待機しています」と別の隊員が無線でしゃべる声が聞こえた。（中略）「まずいな」という声も聞こえた。「まずいな」はないだろうこっちの身にもなって欲しいとわたしは思った。そして、漱石が修善寺菊屋旅館で大吐血したいわゆる「修善寺の大患」の時、医者たちが枕元で「駄目だろう」としゃべる声を聞いて不快に感じていたことを不意に思い出し、同時になんでこんな時にこんな事が思い浮かぶのか、二年近く『日本文学盛衰史』を連載し、その間もずっと明治の作家のものばかり読んでいたからだろうかと不思議に思った。そう、あれは明治四十三年八月二十四日のことで、明治四十二年に『それから』を、そしてこの年『門』を脱稿した直後だった。
「まいります。病院が決まりました」》

明治四十三年は、一九一〇年である。その後、大正二年（一九一三年）四月七日には、小説『行人』も病気のため、初めて執筆を中断することになる。続稿に取り掛かれたのは九月である。ここにも、〝中断している原稿を書く〟というモティーフが潜んでいる。

リアルな高橋源一郎が、本当に救急車で運ばれたのか、どの程度の状態で入院したのか、知りようもない。まあ、どちらでもよい。ただ、『日本文学盛衰史』には、彼自身の「胃カメラ検査」における「カラー写真」まで収録されている。このリアルさが現代的であり、同時に、わざわざ「カラー写真」を作品に導入することで、現実性は失われ、虚構となる。ただ、ポップなのではない。ここでも、重苦しい人間主義的な解釈をする必要などなくなるのに、「本当はもっと怖い」ことが、二重三重に見えてくる。もちろん、明治のことを描くのではなく、現代のもんだいについて発言しているわけだ。

この『日本文学盛衰史』が、伊藤整の『日本文壇史』を参考にしたことは文中にもある。また、高橋源一郎『日本文学盛衰史』が書かれ、刊行された当時、筑摩書房から『明治の文学』全25巻（坪内祐三・編集）も出ている。たぶん、ちょっとした〈明治文学ブーム〉だったのだ。高橋源一郎は、その、二葉亭四迷の巻の解説を執筆している。マンガである、文庫版の谷口ジロー／関川夏央『「坊っちゃん」の時代』（双葉文庫・二〇〇二年十一月）の解説も引き受けた。多くの文献が背後にあることを感じさせるのに、小説『日本文学盛衰史』は、それに引きずられることなく、今を生きるべきことが述べられているので、新鮮に感じるのであろう。

草森紳一の方は、『夢の展翅』の連載九回目(「ユリイカ」二〇〇七年九月号)の「懸腸草」で、次のように述べている。

《私は吐血して、緊急に病院で内視鏡手術した際、胃の内部を撮影したカラー写真をその場で医師に示されたが、その場合とて胃の内部の断面図でしかないので、いくら肉眼でその写真を見たとて、ただのぬめぬめした血だまりの皮膚でしかない。なにが「胃」なもんかと思いつつ、「これ、欲しいな」といったら、「ハイ、あとでさしあげます」と言ったが、とうとう呉れずじまいであった。》

たぶん、要求すれば写真は手に入れることは不可能ではなかったと思う。ただ、それ以前に、草森紳一は「実感しがたい」という思いの方が勝っている。「人体の内部に腸が隠れていることなどは、想像推理はできても、実感しがたい」というわけだ。彼のこだわりが、どこにあるかが、よく分かる。

高橋源一郎の小説『日本文学盛衰史』の方へ戻ろう。入院後の「わたし」も、〝中断している原稿を書く〟のである。

《この病室は南に向いていて、昼間溢れんばかりに陽光が入り、室温が急上昇する。だから、わたしはカーテンを引いてもらい、薄暗い部屋の中でワープロのキイを叩く。

わたしは入院四日目にワープロを、五日目に岩波文庫版の漱石の全作品を届けてもらい、六日目から『日本文学盛衰史』の続きを書きはじめた。わたしが寝ているベッドは最新型で、電気の力で背中の部分が起き上がる。わたしは仰角四十五度あたりにベッドをセットし、背中の真後ろに枕をはさむ。そして、ワープロを膝の上に乗せ、スイッチを入れる。

ワープロの画面の中で起こっている出来事に登場しているのはおよそ九十年も前に生きていた人々で、よく考えてみれば、もう誰も生きてはいないのだ。》

驚きなのは、「パソコン」ではなく「ワープロ」であることだ！　たかだか二十年ぐらいで、この変化である。「ケータイ」も「スマホ」へと、瞬く間に変わってしまった。現在のテレビドラマなどでは、少し昔が舞台になる話の場合、わざわざ「ケータイ」を小道具として使用している。ああ、電話そのものが特別であった時代よ！　普通の「家の電話」にさえ出ることができなかった『細雪』の雪子のことまで、ついでに思い出されてしまう。

草森紳一は、最後まで原稿用紙に手書きし、ゲラも「赤」だらけであったという。テレビも故障すればそのままで、「ケータイ」を持とうなどと考えなかったに違いない。ビデオを観ていた様子もない。（「吐血」後に、映画を見るためフイルムセンターへ行っている。）エイゼンシュテインの映画について、あれこれ論評しているが、草森紳一が材料にしているのは紙の本が中心である。

山田和夫が深く関わって、キネマ旬報社から『エイゼンシュテイン全集』全九巻が、一巻から五巻（一九七三年〜一九七七年）、六巻から九巻（一九八〇年〜一九九三年）と刊行されている。ある意味では、マンガの場合でも「一枚もの」にこだわり続けた草森紳一は、絵画や写真を論ずることが中心で、ストーリーマンガも映画も本格的には扱っていない。

いやいや、小説『日本文学盛衰史』に戻ろう。

《「八月十四日に『それから』を脱稿、胃カタルで倒れたのがその一週間後。翌四十三年の六月六日、『門』を脱稿したその足で、長与病院、そうここへ診療を受けに来て胃潰瘍と診断された」

「なにを調べたかわかりますか？」

「えっと、『診察と検便』となっていますね」

「潜血反応があったんだな。ということは、『それから』は軽い胃潰瘍、『門』も当初は毛細血管からの出血を伴う浸潤性胃潰瘍」

「そこまでわかるんですか」

「賭けてもいいですが、胃カメラを飲んだら『それから』胃潰瘍のすぐ隣に『門』胃潰瘍があったはずです。胃潰瘍の患者はほとんど、ストレスのプレッシャーが高まる度に、ほぼ同じ部位に潰瘍を繰り返し発生させるもんです」

「漱石が朝日に入社したのは明治四十年、最初の連載の『虞美人草』の脱稿が八月三十一日で、九月の末から漱石のもう一つの宿痾であった神経衰弱に替わって胃病に悩みはじめたようです」

「神経衰弱→胃潰瘍もよくあるケースですね」》

まあ、胃カメラを飲んだとしても、夏目漱石の胃潰瘍を直すことができたかどうか分からない。小説『日本文学盛衰史』の中の「わたし」は、担当の医師に、「あなたのような患者にはストレスがいちばんいけない、仕事をした方がストレスになるのか、それともしない方がストレスになるのか、わたしにはわからない」と言われる。

問われているのは、書くことの意味だ。

それにしても、草森紳一が、夏目漱石の〝修善寺の大患〟に触れていないのが不思議だ。触れる前に亡くなってしまったということかもしれない。

山崎光夫『胃弱・癇癪・夏目漱石』（講談社選書メチエ・二〇一八年十月）という本がある。井上ひさしの戯曲『頭痛 肩こり 樋口一葉』（集英社・一九八四年四月）をヒントにしたのか、と思われるが、良い題名である。

その『胃弱・癇癪・夏目漱石』によると、漱石が受診した長与称吉の「胃腸病院」だが、そもそも、明治のこの時期まで、「胃腸」という言葉はなく、「腸胃」という表現が一般的だったのだという。つまり、長与の「胃腸病院」は最初の専門病院であり、これ以後「胃腸」という言葉が一般化したという意味でも意義があるようだ。ついでながら、作家の長与善郎は弟である。

同書では、当時の医療について、事細かく述べられていて興味深い。「経口的胃管挿入法」

など、読んでいるだけで気持ち悪くなる。ゴム製の胃管は、長さ七〇〜八〇センチで、円周六〜九センチなのだそうだ。現在の胃カメラ検査だって、ちょっと前まで、けっこう大変なものだった。漱石は胃腸関係の本を購入したりしているようだが、そんなことより、タバコを止めた方が良かったのではないか、と思われる。文中では、漱石の「文士と酒、煙草」(国民新聞・明治四十二年一月九日)が引かれ、一日に四十本ほど吸っていたようだと推定している。ヘビースモーカーだ。酒はダメだが、「烟草は好きです。病中でもやめられません」というのだから、始末が悪い。血管を収縮させるニコチンが胃潰瘍に良いはずがないだろう。草森紳一がヘビースモーカーだったことは言うまでもない。

なお、漱石の場合、温泉もまずかったようである。「漱石の胃潰瘍は急性の炎症性疾患と考えられ、また、退院したばかりでもあり温泉は禁忌だった。逆に胃潰瘍を悪化させるので、温泉に浸かってはならなかった。」と、同書にある。修善寺での闘病中、漱石自身は、本能的に「湯がわるい様に思ふ」と避けたようだが、「食後一本宛《ずつ》にす」としながら、タバコの方は吸い続ける。

十二　詩は失われたのか、詩を殺したのか

黒澤明監督に映画『まあだだよ』（一九九三年）がある。

内田百閒とその弟子たちとの関係がよく示された「摩阿陀会」の、あれこれのエピソードを描いたものだ。還暦を過ぎて齢を重ねる百閒を囲み、「まだ百閒は死なざるや、まだ百閒は死なざるや」という、弟子たちの反語的な呼びかけに、ユーモアいっぱいに応える内田百閒の姿が羨ましい。その映画の縁によるのだろうが、新編集された福武文庫の内田百閒『まあだだよ』（一九九三年）の解説を黒澤明が書いている。いや、書いているというのは正確ではなく、「一九九三年一月二十五日にご自宅で伺った談話を編集部（福武書店——引用者）の責任でまとめた」ものだそうだ。

少し気になったのは、黒澤監督も、内田百閒も見てはいないようだが、昭和十年代に百閒先生を主人公にした『頰白先生』という東宝での映画があったらしい。まあ、それはそれとして、その話に続けて、黒澤明は以下のように語る。

《トーキーになって映画がつまらなくなったと「百鬼園夜話」などで言われている、あの百閒

先生の気持ちもとてもよくわかるんです。先生が御覧になっている映画というのは、いわゆる職業的な弁士がついているような作品は観ていらっしゃらないみたいです。だから「旅順入場式」の写真はなにかボーボーして、想像して観ているから面白いんですね。あまりにも今の映画は音も色もあるんで、説明的にしているところがある。映画の面白さを失くしているところがあります。白黒映画は白黒の良さがある。音が入ってないのに音を感じさせるために、随分苦労もしてるわけです。ある不自然さがあるから面白いんで、例えば芝居にしてもそうなんですが、映画というのはカメラがどこへでも入って行けるし、なんでも見せられる。それを適当に見せないで、あるところは想像させた方がいい場合もあるわけです。》

黒澤明が言う、「ある不自然さがあるから面白い」という指摘は、むしろ、「カメラがどこへでも入って行けるし、なんでも見せられる」現代映画においてこそ教訓的な言葉かもしれない。ここにフランシス・ベーコンの絵画が苦悩していたもんだいも、エイゼンシュテインの映画が抱えていたもんだいもあるように思う。

あるいはまた、「一枚もの」のマンガにこだわり続けた草森紳一の思いもそこにあるのではないだろうか。

さて、「ベーコンの永代橋」は、草森紳一の死によって「其ノ十二」で中絶となる。「吐血」について触れることはなく、『肉の慈悲――フランシス・ベーコン・インタビュー』を材料に、「インタビューもの」というのは、「雑談的臨場感を『餌』にした虚構である」と断定している。

《人間は、存在そのものが矛盾体であり、曖昧体であるから、その点からすれば「明確かつ簡潔」、それ自体が虚構の処置である。簡潔になって大喜びする人間たちはともかく、「矛盾、曖昧、自分本位」が命と思っているものにとっては（まちがいも、いい加減もウソも俺だと）、その「明確」による犠牲に対して、腹立たしさを感じたりする場合もあるだろう（私がインタビュー記事を読むのが好きな癖に、受けるのは大嫌いだという矛盾もそこにある）。

一貫性を求めるあまり、自然の流れるような会話の持ち味を損なうことのないようにしたとシルヴェスターはいうが、実際のインタビューなるものは、「自然の流れるような会話」で展開することは稀である。もちろん両者盛りあがることもあるが、たいていは、まとめ役の努力と腕前（虚構）によって自然めかされる。むしろギコチなさの自然さを再現しろというものも出てくるかもしれないが、そうはできないし、そうはしないのである。》

質問者のシルヴェスターは美術評論家だそうだが、彼にも、フランシス・ベーコンについても、ここでは触れない。私は、草森紳一のいかにもクサモリ的な反応を読んで満足する。「ベーコンの永代橋」において、草森紳一はフランシス・ベーコンへと「橋」を架けながら、「矛盾体」であり、「曖昧体」である自らを論じているのではないだろうか。

様々な、〝中断している原稿を書く〟という思いが生のままに、まるで、ことさらに散らかすように展開されている。それこそ「ギコチなさの自然さを再現しろ」ということを実現しているのかもしれない。

たとえば、「ベーコンの永代橋」の連載「其ノ十一」には、次のような胸の内が明かされる。

《一九七四年は、私にとって重要な年で（一九六八年なんかでない）「半隠」（半分隠居）を決意した年であるので、三廻り違いの二人に親近感を抱いていたが、退院して、一週間目ぐらいの四月十二日から、私（草森紳一——引用者）は「シサム」の「半食客」になっている。》

レストラン「シサム」の店長と料理長の二人が、「一九七四年生まれ」ということから出た、草森紳一のため息のような発言である。

あるいはまた、『夢の展翅』にも、次のような夢が語られる。

《こんな夢を見る。

「李賀」について書いた文章が校正ゲラとなって出てきて、しきりとあれやこれやと手を入れている。いっこうに作業がはかどらない。大量に朱が入るので、送られてきた校正刷では、たちまち余白が埋ってしまう。文章のいいまわしが気に入らないだけでなく、次々と浮かんでくる想念をもてあまし、それらをどこに書き入れようか、ゲラとにらめっこしている。余白がなければ、新しい紙でも貼布しようかとペンは宙を迷い、四苦八苦している。

（中略）

そうこうしているうち、机の左脇の、天井を突きあげんばかりに積みあげられた本の山の一角から、さらさらと、滑るようにビニール袋が落ちてきて、あぐらをかいてゲラとにらめっこしている私の膝の上にヒョンと載っかって、ピタン、ととまった。

（中略）

それは、なんと、李賀の故郷「昌谷」にからむ資料ばかりで、ホッチキスにとめられたコピーが、いくつもでてきた。中には、すでにホッチキスが錆びたのもあり、すみません、使わずにほっておいてというふうに、私はペコンと頭を下げている。李賀の没した二十七歳より、ある雑誌に連載をはじめたわが『李長吉伝』は、よんどころなく中断してから、早くも三十五年になる。放置していることへの悔悟の気持が、わが白頭をさげさせるのである。李賀に頭をさげているのか、完成を期待してくれている人たちに陳謝しているのか、それとも天に詫びているのか、よくわからない。》

こちらにも、「中断している原稿を書く」という思いが明らかに読み取れよう。草森紳一が雑誌「現代詩手帖」に、「垂翅の客　李長吉　第二部・公無渡河」の連載を始めたのが、一九七〇年（昭和四十五年）一月である。一九七三年で一度中断するものの、一九七四年一月から連載が再開され、一九七六年十一月に再び中断されている。一九七四年に草森紳一に何が起こったのか知らない。ただ、その頃に何かがあったことだけは確かに思われる。『円の冒険』（晶文社・一九七七年八月）の自跋に次のような一節がある。

《心身の衰耗は、一九七〇年から七四年にかけて、最大であったように振返ることができる。そのころ、歩いていてよく兎跳びになった。人間の足はミギヒダリと交互に出るのが自然だが、時々それがうまくいかず、歩いている途中で両足が揃ってしまうことがあった。たとえそのように足が揃っても、そういうものとして特別疑いをもたず、二、三度ジャンプして足に緊張をあたえると、すぐ元通りに歩けたから、変だとも思わなかった。友人が、お前おかしいぞと言ってくれた時、ああ、おかしかったんだな、とようやく合点する始末だった。》

草森紳一自身は、「物を書くという肉体に抗った反自然的行動」と、「二十七、八歳ごろから、肉体の衰弱が精神の衰弱を先行しはじめる」ことに原因を求めているのだが、それだけだろうか。

そもそも、そこで書き始めたのが『円の冒険』で、その〈円〉は、「丸にも球にも見え、ゼロとも読め、穴とも輪ともフル・ストップ記号とも人は受けとめることができる。融通無碍である。」と展開することになり、さらに〈無〉や〈空〉につながる。〝ナンセンスの練習〟ということにもなろう。

一体、何があったのであろうか。

まあ、また後で考えよう。

映画『まあだだよ』について、もう一つ触れておくべきことがある。映画の中心は「摩阿陀会」

に象徴された、内田百閒と弟子たちとの交流であることにまちがいはないが、一九四五年（昭和二十年）五月二十六日未明に、空襲にて麹町の居住焼失し、隣家の三畳の〝火の番小屋〟に昭和二十三年まで住んだエピソードも重要であろう。映画『まあだだよ』では、さすがに三畳では撮影しようがなく、少し大きめのセットだが、雰囲気は出ていた。昭和二十二年二月に刊行されたのが随筆集の『新方丈記』（新潮社）で、まさに鴨長明『方丈記』を、そこに重ね合わせたくなる。堀田善衛の『方丈記私記』と地続きだともいえる。焼失の少し前の様子を、旺文社文庫版の『戻り道　新方丈記』（一九八二年七月）から「灰塵」の冒頭部を引用しておく。

《深夜の夢を警戒警報の警笛に破られて跳ね起きた。五月二十四日木曜日午前一時五分なり南方洋上に数目標ありと云ふ。身支度《みじたく》をしてそのつもりでゐると一時三十五分空襲警報が鳴つた。忽《たちま》ち南の空が赤くなつた。この間内大《あいだうち》した空襲もなく餘りこはい目に会つてゐないので、そんな筈はないと思ひながら安きをむさぼつてゐたら何となく胸が閊《つか》へた様であつたが、今夜の空襲にて溜飲が下がる思ひなり。》

なんと内田百閒的であろうか。

以前、「そのつもり」で身支度をしたのに、今回は、間違いのない空襲なので「溜飲が下がる」というのだ。なんだか、自然現象について語っているようである。「家が焼けたのを確認」するのが文章の末尾であり、ここでも、「冷やで飲んだ残りの一合」に、「この世の中にこんなうまい酒があるか」と思い、「電柱が一本残らずみんな火の柱になつて美しく燃えている」様子を、「昔の銀座のネオンサインの様」と見ている。もっとも、「明るくなつた辺りを見廻すと本当の景色ではない様な気がする」という思いが、ちゃんと一方にあるからこそ、内田百閒の文章を信じることができるのかもしれない。

《むさ苦しい小屋を訪ねてくれる人人《ひとびと》の好意を難有《ありがた》く思はなければならないが、好意をくるんで来る人体が邪魔である。魂だけやつて来る様になればなほ難有い。
色色迷惑な様な事を考へたけれど、しかし人が来るのは空襲よりこはくない。》

こちらは、小屋に住んでからの話で、『新方丈記』に収録されている「椎の葉陰」であり、内田百閒は小屋を「迎賓館」と呼ぶ。「空襲よりこはくない」と言葉が効いている。「詩」があるということでもあろうか。

高橋源一郎の小説『日本文学盛衰史』が、たんにポップであるだけでなく、様々な文学作品に惹かれ、しかし半ば反発しながら、もんだいを現代へとつなげ、そのすべての微妙なニュアンスを描き得たのは、やはり、そこに「詩」があったからかもしれない。いやいや、小説『日本文学盛衰史』でも、具体的に多くの「詩」に触れているのだ。まあ、それは実際に小説『日本文学盛衰史』を手にとってもらった方がいい。

漱石の話に戻す。

《十一日間で二百余枚の『坊っちゃん』を書き上げた時、漱石の手元には書き損じの反故紙は一枚しかなかった。書き直しの箇所も皆無に近かった。漱石の頭の中で『坊っちゃん』は音楽のように流れていた。漱石はただそれを写し取るだけでよかった。漱石はその書き方を生涯に一度しかしなかった。漱石は『坊っちゃん』を純粋に自らの楽しみのために書いた。失われた時を見つめ、その時と共に去った死者を召還するために書いた。どんな作家も一度はその書き方を選び、もう一度その書き方を選ぼうとして無駄な努力を費やす。やがて、漱石の中から詩は失われた。正確にいうなら、漱石は自分の中の詩を殺したのである。漱石にとって小説は、日々、日課のように書かれ、読まれるものであった。いくら努力しても、どのようなものが出

来上がるのか見当のつかないものであった。》

高橋源一郎は、小説『坊っちゃん』を「詩」そのもののように語っている。まるで〈歌の別れ〉を扱う手つきではないか、と驚いていい。いや、本当は、どんなジャンルにおいても、無意識的な行いが意識的な行為へと転換する場合、いつでも、そのような〈別れ〉があり、生きるためには何かを〈殺した〉と思わざるを得ないのかもしれない。

高橋源一郎は、右の引用に続けて、それこそ「詩は死の領域の住人」であり、「美しいけれど、不吉な響き」を持っているとし、「生きている人たちの側」に立つためには「名澄な散文」が必要であるという。なぜなら、普通の人は、「救済」もなく、「希望」もなく、「真の絶望」もない世界を生きるしかないので、というわけだ。そこから、「いくら努力しても、どのようなものが出来上がるのか見当がつかない」散文へつながるのだろう。

もちろん、「その散文の中ではどんな曖昧さも生きることは許されなかった」と言いたい高橋源一郎の思いはよく分かるが、いささか誤読を誘う言い回しではないだろうか。

その「明澄な散文」が、何とも清らかなものに見えたりもするし、逆に、カラカラに乾いた、科学的な文章のように思われたりする。

もちろん私は、その「散文」を、たとえば、様々な対象に半ば惹かれ、しかし半ば反発しながら、そのすべてのニュアンスを微妙に描こうとするようなものだと考えた。それこそが、夏目漱石全集の「四巻目くらい」以降で自らのものとした文体であろうと思うのである。単純に「口語体」の成立でもいいのだが、高橋源一郎も、そこに様々なニュアンスを重ねたいのではないだろうか。

以上のことを前提とするなら、「詩」から「散文」へという図式は、説明上の分かりやすさを示しただけのことで、実は、ジャンルとしての「詩」でも「散文」においても、無意識的な行いから意識的な行為への転換には大きな苦しみがあるということではないだろうか。

高橋源一郎の場合、それは「詩」から「小説」へと向かったのであろうし、わが草森紳一の場合は、無意識的な「雑文」から〝意識的な「雑文」というスタイル〟へ、と展開したのだと思う。

もんだいなのは、その過程で「詩を殺した」というような、つまり、自らの内にある、何というか「失われた時を見つめ、その時と共に去った死者を召還する」ような祈りをしたとしても、その後は、生きるため日常生活へと戻るしかないことだろう。

たぶん、ジャンルとしての「詩」においても、ジャンルとしての「小説」のおいても、どんなジャンルであれ、転換はある。高橋源一郎は、その「小説」に「詩」を秘めている。わが草森紳一は、その「雑文」の底に李賀（李長吉）の「詩」があることを自らくりかえし語っている。結局のところ、研究論文などにはならぬ自らの思いは「雑文」としてしか成立しないということでもあろう。高橋源一郎の「小説」も、いわゆる「小説」というジャンルを遥かに超えているし、私は、彼のラジオ番組の方が、「明澄な散文」を実現しているようにさえ思うことさえある。『源ちゃんの現代国語』とか、『飛ぶ教室』などという、ラジオ放送のコーナーや番組など、高橋源一郎の仕事の中で、その重要さを見逃すべきではない。

まあ、草森紳一の「ベーコンの永代橋」へ戻ろう。

この「ベーコンの永代橋」は、その〝「吐血」事件〟をたんに事実として描いたのではない。草森紳一は、間違いなくフランシス・ベーコンを題材として、自らの〈永代橋〉という場へ引きずり込み、論じているわけだ。たぶん、草森紳一の読者でなければ、この〈永代橋〉という「場」そのものが意味不明であるのだろう。

こういう言い方が許されるなら、〈永代橋〉は、草森紳一における「雑文」という装置そのものなのである。比喩的に言えば、どんなものであれ、草森紳一が興味を持つものなら、つないでしまう〈橋〉なのである。果てしない〈橋〉である。生きていくための〈橋〉でもある。

と同時に、もう一人の草森紳一は、それが途切れることも承知している。彼は「吐血」後に「中断している原稿を書く」ことを願いながら、それが途切れることを十二分に意識している。

草森紳一の「ベーコンの永代橋」を一種の「散文」とするなら、同時期に執筆された『夢の展翅』は「詩」だと言ってもいい。まさに、そこでは「夢」の話から李賀の「詩」そのものが扱われる。それも「夢」を題材とした「詩」が論じられている。その「夢」が、草森紳一にとっての〈橋〉を意味すると指摘すれば、もう私の言うべきことはなくなる。

《昨年［二〇〇五年］、私は吐血した。夢の中で吐血し、驚いて目が醒めると血の海で、正夢だったのかと起きあがろうとするや、また血を吐いた。眠る夢の中の吐血は、そのまま目醒めたのちの現実とつながっていたのである。惜しむらくは、驚いて目が醒めた時、どういう夢の中で血を吐いたのか、忘れて（消えて）しまっていることである。目が醒めてからの現実がなかなかに「夢」のようで、夢の中から引っ越してきたみたいであったけど。

吐血後、痛くも痒くもないのに、体力をまず失い集中力を失い、心身ともに不調であった。物書き生活をほぼ一年半、停止を余儀なくされたが、皮肉にも夢の収穫（記録）は、吐血以前より、はるかに多い。保養のため、眠る機会がひんぱんになったためでもあるが、健康な時より、暇にまかせて、記録の意志をすこしく積極化させたからである。まあ、一日に一つは、夢をゲットしている。つまり展翅にも成功している。》

草森紳一の『夢の展翅』の連載の一回目「珠を食べる」の一節である。既に一度引用しているが、草森紳一が「吐血」そのものを意識的にとらえかえそうとしていることがよく分かる。その表面的な意味だけでなく、この文章が『夢の展翅』の役割を明らかに自覚していると考えられるので、再び引いた。「夢」の中断が、「夢の収穫」につながっているだけでなく、その「夢」を発条とし、書き続ける意味を探っているようにもみえる。

そうだ、この『夢の展翅』が結局のところ、「夢」を媒介として李賀（李長吉）につながるのだから、『夢の展翅』の連載は、「よんどころなく中断してから、早くも三十五年になる」、雑誌「現代詩手帖」に連載していた、例の『李長吉伝』へと架ける〈橋〉でもあったのではないだろうか。

草森紳一の連載「ベーコンの永代橋」は、その吐血から「一年半」後、連載「夢の展翅」を、まるで「散文」に対する「詩」のように展開させたと言ってもいい。

評伝としては未完である『李賀　垂翅の客』（芸術新聞社・二〇一三年四月）が刊行されたのは、

草森紳一の死後であった。ただ、『李賀　垂翅の客』には、「小説・悲しみは満つ　千里の心——唐の鬼才　李賀の疾書」が収録され、晩年の時期が扱われ、評伝を補っている。そして、それは未完の時期を扱うのみでなく、評伝全体に対して、「詩」としての役割を果たしているのかもしれない。その小説は「書」をモティーフ（題材）として李賀を描いているのだが、それは『夢の展翅』が「夢」をモティーフとしているものの、役割として評伝全体に対し「詩」であるのと同様ではないだろうか。

評伝『李賀　垂翅の客』が、なぜ中断することになったのか、考えれば考えるほど分からなくなる。草森紳一本人にしても、分からないからこそ「中断」したとも言える。その果てに〝中断している原稿を書く〟ことじたいを連載「ベーコンの永代橋」で描き始める。いや、半分は偶然に身を任せただけかもしれぬ。とは言え、もう半分は、熟した〝意志的な「雑文」のスタイル〟が、彼にあちらこちらへと「橋」を架ける自由を与えた。「詩」を支える「散文」の役割を果たしたと考えてもいい。

第二部

ドラマ『妻は、くノ一』論、もしくは松浦静山について

羽なければ、空をも飛ぶべからず。龍ならばや、雲にも乗らむ。
鴨長明「方丈記」より

今はもう、時代劇をつくっているのは、ほぼ、NHKとCSの「時代劇チャンネル」しかない。「時代劇チャンネル」の場合も、単発ドラマの制作がやっとであり、連続ドラマまで手は回らない。結局、過去の人気ドラマの再放送が中心で、『暴れん坊将軍』や『鬼平犯科帳』、『剣客商売』などが流れている。まあ、大河ドラマは別として、NHKは〝BS時代劇〟の枠で、中井貴一＝主演の『雲霧仁左衛門』や、東山紀之＝主演の『大岡越前』、山本耕史＝主演の『剣樹抄～光圀公と俺～』など、もしくは、『小吉の女房』や『立花登青春手控え』、坂口安吾原作の『明治開化　新十郎探偵帖』などが思い浮かぶ。それらが、しばらくして地上波に流れたり

する。コミカルなものなら『善人長屋』や『大富豪同心』とかもある。その他、少しさかもどれば高橋光臣＝主演の『神谷玄次郎捕物控』や、清原果耶＝主演の『螢草　菜々の剣』とか、あれこれ数え切れない。中でも『薄桜記』が忘れ難いが、それについては論評したことがあるので、今回は『妻は、くノ一』について思い起こしておきたい。風野真知雄の原作小説は、きちんと読んでいるとも言えないが、金子成人の脚本には安定感があり、主演の松本染五郎（現在の、幸四郎）はさておき、くノ一役の瀧本美織、その母親役の若村麻由美から目が離せない。また、松浦静山役の田中泯も良いし、平戸藩側の忍者として梶原善が絶妙な存在感を示している。大河ドラマ『鎌倉殿の13人』のアサシン・善児の役で強い印象を残した俳優だ。

その『妻は、くノ一』を語るためには、少し、個人的な前置きが必要となる。

私の妄想の中では、梶芽衣子が、例の『ミレニアム』シリーズの主人公＝リスベット・サランデルとなって、日本製の単車に跨り北欧の道を疾駆している。スウェーデン版映画〝三部作〟の主演女優は、この役でメジャーになったし、ハリウッドでも映画『ドラゴン・タトゥーの女』（二〇一一年）がリメイクされ、連作の『蜘蛛の巣を払う女』（二〇一八年）も撮影された。リスベットは二十四歳で、身長は一五四センチメートル、体重は四十二キロだという。感情表現に乏しく、ピアスだらけで、警備会社の調査員としてパソコンを駆使し、映像記憶能力を持ち、巨悪に立ち向かう。その姿が、映画〝野良猫ロック〟シリーズ（日活）や、〝女囚さそり〟シリーズ（東映）を私に思い起こさせたのである。そこに藤純子の〝緋牡丹博徒〟シリーズ（東映）を重ねてもいい。どうも青春期に、そういう〝男など当てにしない女性像〟に出会った思いが、未だに残っていて、〝くノ一〟が戦う姿に、手もなくやられてしまう。ドラマ『妻は、くノ一』の瀧本美織から目が離せなくなった理由である。

時は、黒船来航の三十年前である。

平戸藩の書物天文係であった雙星彦馬のところへ、織江という美しい女性が嫁いでくるところから、物語が始まる。松浦静山に近い人物ということで、幕府の密偵（下忍）である織江が送り込まれたわけだ。ところが、彦馬は、ただの〝変わり者〟に過ぎず、織江はすぐに江戸に呼び戻される。その織江を忘れられない彦馬が彼女を追って、江戸へ出たことによって、事態は思いがけない展開を見せ、織江は、刀も抜いたことのないような彦馬を守るため〝抜け忍〟となり、果てしない戦いが始まってしまう。

こういう物語が成立するのは、その背景に平戸藩があり、松浦静山がいるからだろうと思われる。松浦静山については、『あやかりの富士　随筆「江戸のデザイン」』（翔泳社・二〇〇〇年五月）で、草森紳一が触れている。

《そもそも静山とは、なにものであろう。人間なるものの不思議さにあくなき好奇心を抱いた人だが、親友の儒学者佐藤一斎は、「文を好みて淫せず、武を嗜《たしな》みて黷《けが》さず」とほめたたえている。志堅くして誠意あり、「精神満腹」の人だとも評した。浅草生まれの静山は、大名時代から、参勤交代をサボタージュして「江戸」を動きたがらなかった人だ。それ自体、幕府批判ともいえるが、「長崎」に繁栄を奪われている「平戸」より、よほど「江戸」が好きだったのであろう。静山の生きていた江戸は、ようやく天下の「江戸」となり、「精神満腹」の種が尽きなかったためだろう。

お藤元の「吉原」へかよったかどうかわからぬ。しかし吉原の話も、ふんだんに『甲子夜話』の中に出てくる。まあ、かよわぬほうが不思議であろう。吉原の遊女言葉は、駿府のそれと全く同じだという考証もある。

徳川家康は、駿府に隠居し、京都の公家社会とまだ片田舎の江戸との中間に位置どって左右に睨みをきかしていた。そのことと、吉原の駿河弁は、どうからむか。江戸の大奥は、京の天皇家の真似、官許吉原は、大奥のエピゴーネンである。言語のデザインとして成熟を見せていく江戸弁にも駿河弁が侵入していってもおかしくない。》

寛永十八年（一六四一年）にオランダ商館が「平戸」から「長崎」に移される。もしも、そのままオランダ商館が「平戸」に置かれたら、また別の歴史があったかもしれぬ。そういう平戸藩であればこそ、松浦静山という人物を生み出したのであろうし、その歴史的な背景ゆえに、風野真知雄の小説『妻は、くノ一』シリーズが成立しているわけだろう。

一般的な認識を確認するため、『広辞苑』第五版で「松浦静山」を見ておきたい。「江戸後期の平戸藩主。随筆家。名は清。財政改革・藩校維新館設置などの治績を挙げる。致仕後、活字を作り印刷を試み、諸芸をたしなむ。随筆『甲子夜話』のほか編著書が多い。（1760～1841）」と、よくまとまっている。

風野真知雄の小説『妻は、くノ一』（角川文庫）も、ドラマ『妻は、くノ一』も、松浦静山は「御前」と呼ばれ、既に藩主を退いている。小説では、冒頭近くで静山に触れる。

《（松浦静山は――引用者）藩主の座を譲ってからは、ここ本所中之郷の下屋敷に起居し、悠々自適の日々を送っている。

六十も半ばほどである。月明かりでもわかるくらいに、肌の色が濃い。よく日に焼けている。

細面の小さな顔で、鼻下と顎《あご》には、白くなった髭《ひげ》をたくわえている。顔だけからの印象なのか、それとも腹が読めないところなどを含めてのことなのか、

「静山はキツネのようだ」

と、評するむきもある。

中肉中背だが、筋肉が発達しているのは、動きからもわかる。きびきびしている。

それもそうで、この松浦静山、大名のくせに剣の達人であった。》

地名の「本所中之郷」は、どうも「現在の墨田区東駒形二丁目と三丁目の一部。墨堤通りと呼ばれる道をはさみ、本所中学校を含むあたりのおよそ一万三千坪。」という風に、小説でも、わざわざ説明されている。文庫本の一巻目の最後の辺りだ。

正直なところ、私は原作小説をさらりと眺めただけで、ドラマと比べて気になる部分をめくって見ただけだ。

草森紳一との縁で、ほうと思ったのは、永代橋が出てくる部分がある。ちゃんと読めば、他にもあるかもしれない。小説『妻は、くノ一』の文庫本、四巻目の冒頭部分から引用する。

《ひどく神経質だった。いつもなんらか癖があった。顔をひどくゆがめる癖。目をぱちぱちさせる癖。終始、手の匂いを嗅《か》ぐ癖。それらはいちどきに出るのではない。こっちをやめたかと思えば、こっちという具合に、癖がなくなるという日はなかった。指摘し、禁ずると、ひどく不安そうな顔をした。

（中略）

この子はおそらくものごとを感受する力が強いのだ。それは子どもの心をいつもざわつかせ、不安でいっぱいにするのだろう。

だが、人は多かれ少なかれ、不安と戦っている。不安のない人生などあるはずがない。強くなれ。そなたは武士だ。そなたは男だ。

そう思って、述斎（林述斎――引用者）はむやみに甘やかすようなことはしなかった。

やがて、耀蔵（のちの鳥居耀蔵――引用者）は学問に熱中しはじめた。すると、潮が引くようにあれほどあった癖も見当たらなくなっていった。

そのかわり、耀蔵に別の顔を見出すようになった。

耀蔵が十四、五のときだった。

述斎がたまたま永代橋《えいたいばし》をのそばを通りかかると、耀蔵が岸辺にいて、

「わたしは知りませぬ」

そう言い捨てて、立ち去っていくところだった。

――誰に言ったのだ?

そう思ってよく見ると、岸辺から五間ほど離れたあたりで、人の頭が上下していた。しかも、よく見ればそれは耀蔵のすぐ上の兄ではないか。兄が溺《おぼ》れそうになっているのを、耀蔵は見捨てて立ち去ったのである。》

松浦静山からすると、敵役となる鳥居耀蔵が「この子」であり、「この子」について語っているのが大学頭《だいがくのかみ》・林述斎である。林述斎の三男が鳥居家へ養子にいった。なお、林述斎と松浦静山とは友人同士である。次男は夭折したという話もあるので、小説上の虚構かと思われるが、いかにもそれらしいエピソードであろう。原作小説『妻は、くノ一』では、親友の松浦静山が、「異端や異物が大事なのだ」と林述斎を慰める。

林述斎については、触れなくてもいいだろう。風野真知雄も書いているように、「文部科学大臣兼東大総長といったところか」というような地位にいる。「鳥居耀蔵」について、『広辞苑』第五版を見ておく。「江戸末期の旗本。名は忠耀《ただてる》。甲斐守。大学頭林述斎の三男。一八三七年(天保八）目付、四一年江戸奉行。蛮社の獄で洋学者を弾圧。また江戸市中を厳しく取締り、妖怪（耀甲斐）と恐れられた。四四年（弘化一）罷免、讃岐丸亀に流され明治維新まで在住。（1796～1873）」とあり、いかにもヒールにふさわしい。

流寓の地で二十三年も生き、江戸ならぬ東京へ戻った鳥居耀蔵について、野口武彦が『幕末気分』（講談社・二〇〇二年二月）所収の、「帰ってきた妖怪」で書いている。勝海舟は、その鳥居耀蔵に会ったことはなかったが、鳥居耀蔵の方が話をしてみたいという意向を聞いて興味を示したというのである。「権力者の孤独」というような一点で、触れ合うものがあったかもしれないが、結局のところ、二人は会うことはなかった。

話をドラマへ戻そう。実質的な主人公は、密偵の織江（瀧本美織）であった。織江は、平戸藩の御船手方書物天文係の雙星彦馬へ嫁いだものの、わずか一ヶ月で失踪する。平戸藩の密貿易を怪しんだ幕府が送り込んだ「くノ一」が織江だったが、雙星彦馬はさほど重要人物ではなかったためだ。ところが、雙星彦馬が織江を追って江戸へ出て来たことによって、二人の運命が激しく動いて行く。もちろん、江戸には松浦静山がいるし、鳥居耀蔵もいるからであり、時代そのものが動いているからである。

《静山には、情報蒐集癖がある。推理の快楽は、これなしに成立しない。出入りの植木屋や家来まで使って、熱心に聞き込み調査する。今は絶えた隠居爺の好奇心ともいえるが、静山のすごいところは、厭きずに文章にしたところである（ワープロ駆使の現代人は、江戸の随筆を楽しむのもよいが、自らの周辺の雑聞こそ記録すべきだ）。見物の群集に揉まれているうち帯がほどけ、素裸になってしまった婦人の話なども、まぎれこむ。

（中略）

浅草寺の観音開きの日には、その境内で京の飛鳥井家の門弟による「蹴鞠」の行事なども催されたらしい。「身柄《みがら》ゆえ観《み》にも往《い》かれず」と残念そうに書いている。かわりに近従の侍にいかせ、その模様をわざわざ絵に描きとらせている。

これは、故実趣味の考証癖である。天保十二年の初夏とあるから、死去の年である。この殿様の好奇心は、いっこうに衰えを知らなかったようだが、死ぬ時は死ぬ。》

先ほど引用した草森紳一の文章の少し前の部分である。松浦静山の姿は、『エセー』を書いたミシェル・ド・モンテニュー（1533～1592）と何やら重なるところもあるようにも思う。好奇心が「衰えを知らなかった」ところは草森紳一も同様であろうし、「死ぬ時は死ぬ」というのも、草森紳一の最後のようだ。「ベーコンの永代橋」という、最後の連載を思い出さないわけにはいかない。『あやかりの富士　随筆「江戸のデザイン」』には、三篇の松浦静山関係の文章か収録されているものの、いずれも「火事」がらみの話で、『甲子夜話』を中心に、ちょっとのぞいた程度なのが惜しい。

草森紳一が、その『甲子夜話』を材料にして「太平の剣は、無用の剣である。」と書いているのが『見立て狂い』（フイルムアート社・一九八二年十二月）に収録されている「太平の剣」という文章だ。文化年間、深川八幡の祭礼の日、群衆の重みで、永代橋が墜ちたのだという。松浦静山は、その惨事の実数を町奉行同心に問うて記録し、そこで、一つのエピソードも書き取っている。橋上はパニック状態で、もう落ちている橋の中央に向かい、「力を極めても数百人を推し戻すことが出来」ない。前方が見えないのである。そこで、ある侍が、白刃を抜いて、頭上にかざし、後ろの群衆に向かって振り回したというのだ。声で止めることはできず、「白刃の視覚性」が「後退の記号」となったと草森紳一は述べる。松浦静山が「頓智を以て数多の人名を救いしは、感賞すべきなり」と書くのに触れて、草森は「無用の用」としての「太平の剣」の意味を見ているわけであろう。

まるで、韓国ソウルのイテウォン（梨泰院）における、二〇二二年十月、ハロウィン前に起きた「群集雪崩」なども思い浮かぶ場面である。

草森紳一は、「太平はデザインが先行し、実用を置きざりにする時代である。」とも言う。松浦静山はその著作で愚痴は言わぬが、採録されている話は「間接的愚痴」かもしれぬと草森は考える。そこに松浦静山という人物像もうかがえようか。

ここに、たとえば司馬遼太郎の小説『韃靼疾風録』のように、平戸の浜へ流れついた異国の娘（満洲族の王族の娘）の話など重ね合わせると、松浦静山という人物に、また別の照明を当てることもできるかもしれない。


《「フィーランド」

などといった名で、かつて海外に知られた平戸島（肥前国《ひぜんのくに》・長崎県）には、何度か渡った。そのつど、平素、自分が感じたこともない色彩の感情で身の染まるのを感じた。

この島には、粗野な気分がない。

人々は穏和で、暮らしに秩序がある。すくなくとも五百年以上、この島は統一された人間組織をもち、歴史のなかの人物たちも、道をゆく人々も、本土とは別趣の知的で明るいにおいをもちつづけてきた。そういう柔らかさが、倭寇《わこう》貿易の島であったことと思いあわせると、ふし

ぎな感じがする。》

小説『韃靼疾風録』の、雑誌「中央公論」誌・連載予告、その前半部である。全15巻のエッセイ集『司馬遼太郎が考えたこと』12（新潮社・二〇〇二年九月）に収録されている。かつては、浙江船や福建船、ポルトガル船やオランダ船、英国船までが来ていたのに、それが封じられた落差を思いめぐらす司馬遼太郎は、「ロマンとしてしか」表現できないと感じたらしい。ドラマ『妻は、くノ一』を見ながら、平戸だけでなく、松浦静山本人にも、文学的な可能性を強く感じた。もしも草森紳一が、本気で松浦静山関係の資料を集め始めたとしたら、どんなことになったろうか。

《着流しにし、編み笠をかぶった。釣竿《つりざお》を持ち、腰にとっくりを下げる。無役の旗本が暇をもてあました風情である。

本所中之郷へ。ここらは武家地、寺社地、町人地が混在する、雑駁な感じが漂う土地柄である。ほうぼうに池もあり、フナでも釣ろうという暇な釣り人がうろうろしていても不思議はない。迂回して平戸藩の下屋敷の前に出た。

五万石ちょっとにしては広い下屋敷は、松浦家が自前で調達した分も入っている。それほど裕福なのだ。

かつて、松浦家の居城がある平戸は、世界に向かって開かれた貿易の町だった。多くの南蛮人がこの町を訪れ、ここから広まった風習や品物も少なくない。その貿易港を長崎に移し、しかも幕府の直轄地とした。松浦家は金の成る木を取り上げられたわけで、代々の松浦家の当主たちは内心、どれほど恨んできたことか。

それでなくとも不逞《ふてい》な魂を持つ海賊そのものの静山が、唯々諾々と幕府の命に従っているわけがないのである。

近ごろ、静山は『甲子夜話』と称する書物を、大量に書きつづっている。巷《ちまた》の怪奇な現象が数多く取り上げられているらしい。》

再び、原作小説『妻は、くノ一』から引用した。第3巻の後半に入ったあたりである。

この「着流し」で「編み笠」の人物は、御庭番の頭領・川村真一郎である。下忍である織江の上役だ。まあ、鳥居耀蔵が史実を離れて暗躍するわけにもいかないだろうから、その代わりに、この川村真一郎という御庭番が松浦静山と対決するのである。

さらに言うなら、その代理のように織江と雙星彦馬との関係があり、とは言うもの、二人が惹かれ合うのだから、切ない話にもなる。「くノ一」の姿で戦う姿に、『ドラゴン・タトゥーの女』のリスベット・サランデルを重ねてしまう私は、織江役の瀧本美織が登場する場面だけで胸が痛い。

結局のところ、その「くノ一」の瀧本美織が抱える運命が切ないのは、松浦静山という人物が、幕府のことを「内心、どれほど恨んできたことか」と想像させるからであり、松浦藩の平戸という「世界に向かって開かれた」土地柄などが、その背景にあるからなのだろう。さらに、そこに織江の出生のことも関わるが、そこから先は、ドラマや原作小説のネタバレにもなるので触れない。

ドラマ『妻は、くノ一』の最後、御庭番たちとの死闘で、若村麻由美演ずる母親（「天守閣のくノ一」と呼ばれた伝説的な密偵）を失った織江が、〝抜け忍〟となって、海辺を孤独に歩く後ろ姿の場面が思い浮かぶ。

その直前の場面では、その母親の墓前で松浦静山が言う。「この母親は娘を案じながら死んだ。生き続けてほしいという、その思いが、娘に伝わるとよいが――」と。雙星彦馬が、「それは、私の思いでもあります」と頷いて、静山も「そうだな」と受け、横笛を吹く。その後、静山は「娘は修羅の道を行くか」と呟く。修羅の道を行くしかない、波打ち際の、その後ろ姿をいつまでも見ていたくなる。

当時、原作小説など意識しないでドラマを見ていた私は、なんとまあ、切ない結末だと思ったものだった。

続篇のドラマ『妻は、くノ一　～最終章～』は、文政九年（一八二六年）から始まる。できれば、平戸藩六万二千石のお姫様・静湖（マイコ）が登場する、その続篇まで語りたかったが、今は、織江の孤独に寄り添っておくことにしたい。

［備考］　ドラマ『妻は、くノ一』は、BSプレミアムの「BS時代劇」枠にて、二〇一三年四月五日から五月二十四日まで、また、地上波のNHK総合で、同年六月二十日から八月二十二日まで全8話が放送された。再放送は、BSプレミアムで二〇一六年九月十六日から十一月四日、二〇二〇年五月十五日から七月三日に放送。さらに、完結編となるドラマ『妻は、くノ一　～最終章～』は、同じくBSプレミアムの「BS時代劇」枠にて、二〇一四年五月二十三日から六月二十日まで全5話が放送された。再放送は二〇二〇

年七月十二日から八月十六日に放送。脚本＝金子成人。演出＝山下智彦／服部大二。出演は、市川染五郎、瀧本美織、若村麻由美、マイコ、田中泯ほか。

原作小説『妻は、くノ一』は、同シリーズ1〜10（角川文庫・二〇〇八年十二月〜二〇一一年八月）の他、〈妻は、くノ一蛇の巻〉や〈姫は、三十一〉などがある。この「姫」が、マイコ演ずる「静湖」である。

小説集『鳩を喰う少女』を読む

白馬を少女瀆《けが》れて下《お》りにけむ　西東三鬼

本当は、小説集と言ってはいけないのかもしれぬ。『鳩を喰う少女』（大和書房・一九七四年三月）のことだが、草森紳一自身は、同書の「あとがき」というべき「少女の墓碑銘」という文章で、「小説はごめんだけど、少女のストーリーなら書いてみてもいいけど」として、まず少女のためのファッション誌「ＭＣシスター」に三篇を書いたのだという。もちろん、私などは見たことも、聞いたこともない雑誌である。

草森紳一いわく、「私は、世のいう小説というものには、とうに絶望していて、自ら小説を書きたいと思っていたのは、大学時代でとどまる。」と。「小説の時代は終ったし、小説は滅びた」と考えていて、「『小説』という前提を絶対の神様のように信じている発言」に対して「腹だたしい」とも述べている。その上で、自分が書こうとしているのは、中国の古代人の言った「小説」であり、つまり、「巷談雑記の志異譚」なのだとする。「私は三つのお話、お話といっても、空想譚ではなく事実譚を気まぐれに書いてみたのである。」と。

その三篇がもとになって、同じく少女の話を四篇書き下ろすことになったのが『鳩を喰う少女』ということになる。

草森紳一『鳩を喰う少女』が入っている、大和書房のシリーズ〝夢の王国〟には、唐十郎『ズボン』、稲垣足穂『タルホ座流星群』、天沢退二郎『夢でない夢』、シャルル・ペロー／澁澤龍彦＝訳『長靴をはいた猫』、別役実『象は死刑』、中山千夏『電車で40分』などが並んでいる。思わずため息をつくようなラインアップではないか。

最終的に何冊出ているのか知らないが、草森紳一『鳩を喰う少女』以降も、中井英夫『黒鳥の囁き』、矢川澄子『架空の庭』、稲垣足穂『タルホフラグメント』、今江祥智『ぱるちざん』、レイ・ブラットベリ『十月の旅人』、長新太『キャベツだより』、鈴木志郎康『闇包む闇の煮凝り』等々があり、もちろん、私が、それらすべてを所持しているわけでもない。それでも、六、七割は持っている。それぞれの挿画がすばらしく、『鳩を喰う少女』の大橋歩の絵も印象に残る。

小説的な、草森紳一の作品ということなら、『歳三の写真』（新人物往来社・一九七八年五月）

や『夢に帰る　遣唐使・阿倍仲麻呂』（吉野ろまん新書・一九八一年六月）、一九八九年十二月に書かれた「小説・悲しみは満つ　千里の心——唐の鬼才　李賀の疾書」（『李賀　垂翅の客』所収）とか、書かれることはなかった永山則夫についての「風景小説」など浮かぶ。晩年の草森紳一なら、それらすべてでも「雑文」だと言うのかもしれない。

あれこれ言ってみたいことがないではないが、ここでは『鳩を喰う少女』の中の一篇「飛見江のマラソン」だけをのぞいておく。橋を渡る場面があるからだ。主人公は飛見江《ひみえ》で、北海道十勝の、高等学校の一年生。五月の終わり、校内マラソン大会（六キロ）に参加する。一年生から三年生までの、四百人あまりの女子が一団となって走り始めた。

初めは、四百人中の真ん中あたりを走っていた飛見江は、橋が見えてきたころ、しだいに先頭集団へと、くりあがってゆく。

《白く水平に一直線をひいている十勝大橋の横から見た全景が、まじかにみえてきた。堤防の草は、深く伸びていて、その緑は頽《くき》ったように燃えている。五月の光が、その緑の草花をなまなましく、けだものの鬣《たてがみ》のようにみせていた。

（中略）

この橋までやってくると、さらに直線に橋をへだててつづいている堤防の上をつき走らずに、むきをかえて、つまり、十勝大橋を渡るのである。むきだした土と踏みにじられた草からなる堤防の上を走ることから、白く乾燥しきったコンクリートの上へと、かわるのである。

日高の山嶺がなお雪をかぶっていて、それはちょうどジェットの銀翼が、太陽にぶつかって光るように、硬く輝いていた。さらに目を中段にずらすと、小学校の遠足コースである国見山がみえ、さらに下へずらすと、鈴蘭公園の端であり、その入口ともなっている赤茶けた断崖がみえる。その真下から十勝大橋と並行するように鉄橋がかかっている。真赤なペンキで塗られたその鉄橋は、そのバックの風景とよく似合っていた。いましも黒い貨物列車が、その鉄橋を、まるでとまっているように走っている。

十勝大橋には、しきりとなく、車が走っていた。市内へ客を運ぶバス、材木を積んだトラック、野菜をのせたオート三輪、温泉にむかうタクシーが、せわしくいきかっている。マラソンでは、車道は危険なので、欄干ぞいに両側へつけられた歩道をえらんで、走ることになっていた。》

草森紳一にとっては、故郷の、馴染みの風景であろう。「オート三輪」で、時代が分かる。ごく日常的な情景ではあるものの、飛見江にとっては、別の意味を持っている。たんにマラソンで、橋を渡る以上の意味がある。まあ、その肝心の部分は本文を読んでもらった方がいい。

話そのものは、「飛見江の弟」から聞いたものであると、作品の最後に書かれているが、草森紳一と「弟」との関係には触れていない。同郷の友人でもあろうか。

実は、これは「マラソン大会で、新入生でありながら一等に」なったというような話ではなく、その時、飛見江が「生理」だったと聞いた、小学生の「弟」の記憶に残ったところにポイントがある。私が引用をためらったのは、その「生理」のなまなましい場面である。

その後、飛見江は陸上部へ入り、二年でも三年生でも校内マラソンで優勝している。後に、成人した「弟」は、たまたま姉の飛見江にその話をしたところ、「優勝したことは知っているけど、私、ほんとに生理だったかい」と覚えていない。「弟」が、しつこく確認すると「ああ、そうそう、そうだった」という始末。そこで、「記憶というものは、本人よりも、その話を直接きいた他人の肉体に、かえってよく残ることがあるのかもしれぬ。」と、草森紳一はのたまう。この話の、本当のテーマは、これかもしれない。

まあ、それはそれとして、表面の上のテーマは、言うまでもなく、「生理」が、少女の成長を示し、「橋を渡る」ことはその象徴だったという方であろう。事実として、そこに「橋」があったのではなく、やはり、飛見江は「橋を渡る」しかなかったのではあるまいか。

実際に読んでいただければ、性意識の芽生えや、糞尿譚が小説集『鳩を喰う少女』を深く覆っていることは、すぐに分かっていただけよう。実際に「橋を渡る」のは飛見江だけだが、登場する少女たちは、みんな、それぞれの心の「橋」を渡っている。

『歳三の写真』を読む

D・S――特に写真のどこにひかれるのでしょう。その直接性ですか。偶然そこに現れる意外な姿かたちですか。それとも写真の質感でしょうか。

F・B――写真と現実には少し距離があるからでしょう。

『フランシス・ベイコン・インタビュー』より

最初は、司馬遼太郎原作の映画『燃えよ剣』（原田眞人監督・二〇二一年）を入口として、それと比べながら草森紳一の『歳三の写真』を読んでみようかと思っていた。

土方歳三役としては、この二〇二一年版の岡田准一よりも、やはり一九六六年版の栗原旭の印象が強い。いや、大河ドラマの続篇として、二〇〇六年（平成十八年）一月三日に「正月時代劇」枠で放送された『新選組!! 土方歳三 最期の一日』の山本耕史も忘れ難い。同じく三谷幸喜＝脚本の、大河ドラマ『鎌倉殿の13人』を見ていても、三浦義村役の山本耕史が「土方歳三」のように見えて仕方がなかったくらいである。

あるいは、大島渚監督の映画『御法度』（一九九九年）とか、その他、多くの新選組関係の映画などを入口にするか、はたまた、子母澤寛の新選組三部作『新選組始末記』、『新選組遺聞』、『新選組物語』から始めようかと、あれこれ迷った。特に子母澤寛は多くの〝聞き書き〟をもとにしているので、独特な味わいがある。昭和の初年まで関係者が生存していたわけだ。

《土方（土方歳三――引用者）は役者のような男だとよく父が云いました。真黒い髪でこれが房々していて、眼がぱっちりして引き締った顔でした。むッつりしていて余りものを云いません。近藤（近藤勇――引用者）とは一つ違いだとの事ですが、三つ四つは若く見えました。》

昭和三年十一月十五日の、八木為三郎老人による「壬生ばなし」の一節である。壬生へやって来た浪士隊の十三人が宿としたのが八木家であった、子母澤寛『新選組遺聞』（中公文庫・一九九七年改版）より引用した。ただ、こうして読み始めると、転換期における、多くの隊士の奇談から抜け出すことができなくなりそうだ。

というわけで、ただ素直に『歳三の写真』を読むことにする。もっとも私が手にしているのは『歳三の写真［増補版］』の方である。

考えてみれば、本当は、この『歳三の写真』の方を原作にして映画化すれば良かったのに、と思わずにいられない。

《この日、土方歳三は、襟なしのずらずらと小さく並べた一行ボタンのある羅紗地のジャケットの中へ、白いマフラを首にまいて押こみ、座ると椅子の下までひきずるような、上衿がベルベットで、下衿は幅広に反りかえり、背には馬乗をつけた一見チェスタフィールド風とも見える濃紺のコートを上からはおっていた。

下はだんぶくろのズボンで、バンドには、白い帯を通し、脚には膝をこす反りあがった皮の長靴。胸には時計の金鎖を幾重にも垂らして吊り、腰には日本刀をさしこんでいた。

頭は、耳がわずかにでているオールバックの総髪で、額は広く出て、涼しくやさしげで、皮肉で冷たげな眼眸《ひとみ》をどこか一点に凝らしていた。

唇は屹然とひきしまり、湾曲する両の三日月眉を下で受けとめている。手は両膝におかれ、左手は開いているが右手は緊張を示して、拳がグルッと握られていた。》

あの、有名な「写真」についての描写である。

そもそも、この「写真」のインパクトこそが、土方歳三という人物に対して、私たちがあれこれと想像をめぐらす契機となっていることを、改めて気づかされる。

草森紳一はマンガでも、特に、一枚ものを好んだ人である。時代の流れとしては、ストーリーマンガが中心になりつつあった頃、むしろ彼は逆行して、一枚ものにこだわったとも言える。一枚もののマンガでも、一枚の写真でも、百枚の原稿を書くことができるというようなことを、草森紳一は、どこかで書いているはずだ。残されている「写真」がカラーであるはずはないが、草森紳一の幻視は「白いマフラ」や「白い帯」だけではなく、「濃紺のコート」まで見ている。「羅紗地のジャケット」とか「上衿がベルベット」であるとかいう質感、「皮の長靴」や「時計の金鎖」も見逃していない。

もっとも、土方歳三の「写真」は一枚ではない。菊地明『土方歳三の35年』(新人物往来社・二〇〇三年十一月)によれば、椅子に腰掛けた洋装の上半身のものと、全身像のもの、そして楕円に縁取りされた上半身像という、三パターンが、一般に知られているものだという。いずれもガラス原版は残っておらず、「紙焼き写真」がそれぞれ数枚あるらしい。なお、それぞれの写真の関係や来歴も必ずしも明らかでないという。

詳しくは同書で確認していただくべきであるが、菊地明氏は、佐藤家と土方家で所蔵されている各一枚、平家(注)所蔵の二枚がオリジナルと判断している。

雑誌等に掲載されたものは、ほぼ拡大したものであり、実物の写真は名刺やプリペイドカードのサイズらしい。修正され、「お土産」用にされた「写真」もあり、土佐出身の伯爵・土方久元《ひさもと》と誤認されたこともあったという。今でこそ知らぬ人もいないほど有名だが、土方歳三が多くの人々に認知されるまで、一定の時間が必要だったということだろう。

A―① 佐藤家所蔵。新選組隊士・市村鉄之助が箱館から佐藤家に届けた写真。(上半身像)
A―② 平家所蔵。写真館の台紙に貼られている。(上半身像)
B―① 土方家所蔵。(全身像)
B―② 平家所蔵。A―②とは違う写真館の台紙に貼られている。(全身像)

記号は菊地明氏に従っている。つまり、大別すると、「上半身像」と「全身像」の二種類ということになろうか。

土方歳三の右手と左手の描写から、草森紳一は、A―①の「写真」を目の前にしているように思われる。全身像の「写真」では、左手が隠れているからだ。いずれにしても、草森紳一は、右の引用に続けて、「はい、そのまま、一、二、三、四、五、六。はい終り」という写真師の声を「四度ほど」聞き、「なすがまま、じっとして」その作業を受け入れ、「長い写真の処刑は終った」と書いている。「四度ほど」というのは、菊地明氏の意見によっているかどうか、知らないが、まず、一枚だけではなかったろうし、当時のことなので、作業は一定の時間がかかったことは想像しなければならない。

いや、その「写真」を撮ろう、いや、撮ってもらおうと決意するまでの土方歳三の思いを想像すべきであろう。「写真」の話が出てから、撮ってもらうまで逡巡がくりかえされる。まさに、それこそが、草森紳一の『歳三の写真』の主題（テーマ）であろうから。

司馬遼太郎『燃えよ剣』では、「写真」を撮るまでのことなど触れもしていない。『燃えよ剣』の土方歳三は、伏見で最後の隊士募集をした時、まだ十五歳であり、関東、奥州、蝦夷と転戦するあいだ、無邪気についてきた市村鉄之助を呼び出し、歳三の義兄に当たる佐藤彦五郎（日野の名主）を頼って「落ち延びよ」と命ずる。鉄之助は拒むが、気圧され、ついに任務を受ける。

《歳三は、その場で友次郎（大阪の富商・鴻池善右衛門の手代で、「函館築島にある鴻池支店の支配人」——引用者）から半紙をもらい、小柄《こづか》をとりだしてそのハシを二寸ばかり切りとって細い「小切紙《こぎれ》」をつくり、そこに、

「使いの者の身の上、頼上候《たのみあげそろ》。義豊」

と細字でしたためた。

さらに、佐藤彦五郎へ贈る遺品のつもりらしく、写真を一枚、添えた。

洋服に小刀を帯びた姿で、函館へ来てから撮ったものである。これが現存する歳三の唯一の写真となった。》

土方歳三の生年を直接的に示す記録はないようで、三十五歳という没年から、天保六年（一八三五年）の誕生と推定されている。武州多摩郡《ごおり》石田村（現在の東京都日野市）出身で、土方隼人義諄《よしあつ》の子。名は義豊、通称を歳三という。富農であったものの、歳三の生まれた年に父親が亡くなっている。ついでながら『広辞苑』第五版も見ておきたい。「幕末の剣客。武蔵の人。一八六三年（文久三）新選組に入り、副長として京都市中の護衛に当たる。鳥羽伏見の戦に敗れた後、東下りして官軍に抗し、のち榎本武揚の軍に投じ、箱館五稜郭で戦死。（1835

〜1869)」とあり、並んで、「幕末・明治期の政治家。土佐藩士。」の土方久元の名もみえる。

さて、司馬遼太郎『燃えよ剣』上・下（文藝春秋新社・一九六四年三月、五月）の末尾近くにおける、右の引用文には、いくつか違和感をおぼえる。

司馬遼太郎が、佐藤家所蔵の「写真」（A—①）を見ていることは明らかである。逆に言えば、それ以外の「写真」を見たとしても複写としてしか考えていなかったのかもしれない。確かにA—①を見ると、「洋服に小刀を帯びた姿」とするのは分からなくもない。上着で鍔の部分が隠れているので、「小刀」と見えないでもないが、「全身像」のB—①やB—②の「写真」を見ると、「長刀」であることが明らかであろう。

その「全身像」の「写真」では、「上着」というより「コート」をやや後ろにずらし、左手は隠され、その代わりに、鍔がくっきりと現れている。「コート」が「長刀」にかぶっていて、そこに紐のようなものが垂れている。この紐はなんだろう。

まあ、司馬遼太郎が「上半身像」と「全身像」との違いを意識していたのかどうか分からない。実際のところ、一枚しか知らなかったのかもしれない。そもそも、同じ日に、何枚かの「写真」を撮ったとも考えなかったと思われる。

また、「一枚」というのが、どこかで「遺品」ということに結びついてしまっていることに疑義もある。「自分が死ぬことだけを考える」歳三の像が、そこから導き出されているようで、いささか釈然としない。小説『燃えよ剣』の最後の、「斬り込み」の場面も好きではない。

余分なことだが、司馬遼太郎が「箱館」でなく、「函館」と表記しているのも気になる。元々は「箱館」であり、明治二年（一八六九年）に開拓使出張所が「箱館」に設置された時に「函館」に改称され、明治八年（一八七五年）あたりまで表記が混在していて、明確ではなかったようだ。土方歳三の没年に「函館」と改称されたということでの表記であろうが、土方歳三は「箱館」と意識していたのではなかったか。

改称の理由は明らかにされていないものの、「箱」には「蓋《ふた》と本体が分離する」意味があり、それを嫌った新政府が、「蓋と本体が一体である」という「函」を選んだという説もある。その地も新政府のものだという主張なのであろう。

ここで改めて、草森紳一『歳三の写真』における「写真」を振り返ると、草森紳一は「上半身像」をもとにして描写しながらも、一方で「全身像」も意識しているように思われる。草森紳一が「上半身像」をもとにしているのは、両手についての記述があるからである。但し、右手と左手との描写は逆になっているのではないか。

《田本は、歳三を解放すると、すぐに暗箱をのせた器械のそばへ戻り、まだ濡れたままのガラス板を手にもって暗室へかけこんだ。歳三は、そのままついていった。「きちんと戸を閉めてくださいよ」と田本は言った。

田本は、赤く鈍いランプの点った暗い部屋で、さきのガラス板を傾けながら、猪口にとった硫酸鉄を全体へよく行き渡るように流した。

うしろから覗いている歳三に「これが現像というものだ」「ほら、土方さんの姿が露われだした」と田本は子供をあやすように語りかけた。なるほど、小さなガラスの中に自分らしき像が浮かんでいる。刀は逆に差し、時計の鎖も逆になっている。

田本研造は、流し台へ行き、そのガラス板をていねいに水洗いしたあと、シャカリウムなる薬品で、また洗いなおした。》

草森紳一『歳三の写真』の、例の「写真」を撮った後の場面である。ほとんど「小説」であるが、草森紳一は「雑文」として書いているのかもしれない。いずれにせよ、右の引用に続けて、草森紳一は、田本に「これで一応ガラス取りはおしまいだが、紙取りとなると、またちどうな手続きがある」と呟かせている。ネガが左右逆転していることにとらわれ、草森紳一も右手と左手を取り違えたのかもしれぬ。

そもそも、田本研造とは何者であるか？

田本研造（1832～1912）は、三重県熊野市出身で、別名は音無榕山。当初は、医学を志し長崎へ赴き、西洋科学に触れる。安政六年（一八五九年）に松前（箱館）へ移り住むが、凍傷を負って脱疽となり、ロシア医師の手術で右足切断となる。その医師から写真技術を学び、慶応二年（一八六六年）頃から写真師としての活動を始めたようだ。既に箱館で営業していた写真師・木津幸吉とともに、今日では貴重な、多くの記録写真を撮影した。旧幕府軍の人々も撮っていて、土方歳三の「写真」も田本研造が撮影者であろうと推定される。

もちろん、草森紳一『歳三の写真』には、木津幸吉も登場し、「旧幕府のかたがたのお姿はお撮りしないということに、自分勝手に決めている」と発言する。ただ、「写真仲間には、私の考えとは、べつのものもございます」というので、田本研造が登場することとなるわけだ。

草森紳一『歳三の写真』で、最初に登場する、「写真」関係の人物は松本良順という幕医である。仙台で会っているとされる。

《松本良順は、日本の写真界の夜明けを飾った一人に数えられている。幕府派遣の医学練習生として、長崎で蘭医ポンペから教えを受けていた時、一緒に「紙写しの法」を研究している。安政四、五年のころである。西洋では、ダゲレオタイプ時代が終り、何枚でも紙とりのできる湿板の時代にはいっていた。》

この松本良順のもとに、前田玄造や上野彦馬、内田九一などの後に名を残す写真師が出入りしたのだという。それらの人物についても、あれこれと述べたいところだが、まあ、止めておく。ただ、近藤勇を撮ったのは内田九一であったようだ。

ダゲレオタイプ（銀板写真）は一枚しか撮影できず、露出時間が日中屋外でも十分から二十分かかったという。

それよりも、松本良順のセリフとして、「かえって人間の歪んだ姿が、正直にでて、それこそが写真だ」という言葉の方が印象に残る。どう見ても、クサモリ的なセリフであり、この言葉で、松本良順が土方歳三に写真を撮ることを勧めるのである。

それに対して、文中の土方歳三は、「この男は、なにものだろうと歳三は、思った。これだけ、外国の知識に対し、おそれることもなく貪欲なのに、彼はこの時代遅れの旧幕府軍の負け戦を応援している。」と。この「問い」もまた、クサモリ的であろう。

《良順は、榎本と意見があわず、外国船にのって江戸へ戻ることになっていた。

「おい、歳三さんよ、お前さん、写真にとられなきゃだめだよ」

「また写真ですか」

「ああ、写真サ、まだボトガラヒーってのは、撮るほうも撮られるほうも、辛抱が必要だが、いまにこいつは、人間のからだやこころよりも早い鉄砲になる。撮られる奴も知らねえうちに撮られ、撮っているやつも自分がなにを撮ったかわからないような化けものになる。うけあっていい。お前さんの頭は、敏捷すぎて、いまのぬるい写真はお気に召すめえが、どうせ死ぬ気だろう、撮っておおきよ」》

この松本良順のセリフにも、クサモリ的というか、「写真」に長く関わった、草森紳一自身の思いがあるのだろう。スマートフォンが一般的となった今は、その映像、それも動画がまるで鉄砲のような役割を果たし、時の政権に大きな影響を与えるまでになっている。

鶴見俊輔『限界芸術』(講談社学術文庫・一九七六年八月)にも、〝お雇い外国人〟チェンバレンに触れた文章があり、そこで多田道太郎の言葉を借りながら、古い日本が消え去りながらも、「俳句がカメラにかわり、絵巻物が家庭アルバムにかわり、筆がフェルトペンにかわる」というように「転生」しているという記述がある。俳句も和歌も残した土方歳三なら、カメラを手にしたかもしれない。

松本良順の実弟は、その頃、まだ二十歳そこそこ、英国から帰ったばかりであったが、後の外務大臣・林董（董三郎）であり、日英同盟の〝立役者〟でもある。また、良順の姉の娘が榎本武揚（釜次郎）の妻という関係である。

松本良順についても、『広辞苑』五版を見ておく。但し、「松本良順」では出ていない。改名後の「松本順」で引くしかない。「幕末・明治期の医師。佐倉藩医佐藤泰然の次男。幕府奥医師松本良甫の養子。戊辰戦争に幕府軍医として転戦。明治政府に出仕して軍医総監。貴族院議員。（1832～1907）」とある。

この時期の人物名は、幼名もあれば、通称もあり、改名もあれば、号やその他、あちらこちらへ養子に行くこともあり、よく調べてみないと、混乱することが多い。その点、草森紳一はこの時期の人物に精通しているので、教えられることが多い。

外にも写真師は、横浜の下岡蓮杖の弟子の横山松三郎とかも出てくるし、箱館の写真仲間の一番若い武林という人物も出てくる。札幌出身の文学者・武林夢想庵の父親である。父親の名は三島常盤と言ったが、写真師・武井盛一の養子となったということのようである。
たぶん草森紳一は、日本の初期写真史を、「歳三の写真」という一点から浮かび上がらせようともしているのだろう。それも、小説的な形式で、時代の転換期を描きたかったのではないだろうか。

《近藤勇に先立たれた「土方歳三」は、死に場所を求めて闘っているという噂があった。それは、とんだ寝言さ。青白い顔が鬼火のように雪原に燃えていると、文学的言辞を弄するものもいた。とんだ思い入れだ。死ぬ時は死ぬ。それだけのこと、と歳三は心に呟いてみる。》

草森紳一は右のように、「死に場所を求めて闘っている」という俗説に抗しているのだと思う。ドラマ『新選組!! 土方歳三 最後の一日』の歳三も、生きよう、生きるために戦おうとしたところで銃弾に倒れたのだった。『歳三の写真［増補版］』の解説で、縄田一男は書いている。

《(［増補版］と違って――引用者)初刊本巻末には、「『歳三の写真』ノート――自跋をかねて――」が据えられており、作者は次のように記している。すなわち、この作品の執筆は、池袋の西武デパートで開かれた「日本近代写真百年展」を見て、そこに展示してあった歳三の写真に或る種の「近代性」を感じ取ったことにはじまるという。そこから、「自らの近代性に逆歯車をまわしていく男の存在をさぐってみたい」と考え、この写真機という薄気味の悪い代物を「鉄砲に等しい西洋文明の象徴として受けとめ、それが近き未来の世界のものであることを、観念的にも感覚的にも予知せざるを得なかった」男の物語としてまとめ上げたというわけである。》

何とも的確なまとめである。縄田一男は、さらに続けて「土方が写真機の前に立つことは、そのまま、『己のうちにある近代を知るとともに、それをあえて否定』すること、すなわち、自死に他ならない」とか、「『俺の感性そのものは、心とは別に、写真などという空おそろしいものを生み出す新しい世界へ向っていたはずだ』と心の中で絶叫する歳三」とかいうような、草森紳一の言葉を丁寧に拾ってくれている。［増補版］には収録されていない、これらの指摘こそ『歳三の写真』の主題であることがよく分かる。

自らの才能に身をよじる土方歳三の姿は、まるで鬼才・李賀のようでもあろう。李賀（李長吉）の研究家でもある草森紳一が、土方歳三に興味を持ったのは当然だ。その生涯を「写真」という観点から描いてみせたところに草森紳一の独自さが際立っている。土方歳三は「橋」を渡らなかったが、彼にはその「橋」が見えていたということでもあろうか。

もしくは、フランツ・カフカの小品「橋」の、主人公の「橋」のように、「橋が体をよじった」のかもしれない。「体をよじり終る間もなく、私（「橋」――引用者）は墜落した」ように、土方歳三の前にあった「橋」がなくなったと言うべきか。

（注）平という家は、土方の実家と親戚関係にあるらしい。歳三の死後、平忠次郎という人物が、土方歳三と交流のあった人々を訪問し、その時に「写真」を手に入れたようであるが、詳しいことは分からない。二〇〇五年頃に八十歳ぐらいであった平拙三という、ご子孫が所持していたものが「平家所蔵の写真」とされる。

対談集『アトムと寅さん　壮大な夢の正体』を半分だけ読む

私はつめたく硬直した橋だった。深淵の上にかかっている橋だった。
フランツ・カフカ「橋」より

対談集『アトムと寅さん　壮大な夢の正体』（河出書房新社・二〇〇五年十二月）を読んでみたいと思うのだが、草森紳一と四方田犬彦との対談集であるにもかかわらず、今回は、ほぼ草森紳一を中心にして言及するので、「半分だけ読む」とした。さらに言えば、「アトムと寅さん」というのは、結局のところ「マンガと映画」ということでもあり、こちらも、今回は、映画に限定して「半分だけ読む」つもりなのである。

《草森　「寅さん」は東映のやくざ映画のパロディというよりも、最初は流行に乗じながら変格殺法で辟易しているような感じで出発している。大映や日活のやくざものとは違ったところですね。そして一本しか作るつもりはなかったわけでしょう。ところがシリーズものに大変化していく。実際に東映のやくざ映画もオイルショックと赤軍派の事件あたりから一挙に落ちて行く。

四方田　七二年から七四年頃ですね。

草森　全共闘が騒いでいた頃が、東映製やくざ映画の全盛期だった。あれもみんな一種のスターシステムによるシリーズものに近いですよ。

四方田　『緋牡丹博徒』とか、『日本侠客伝』とか。

草森　でも東映はやくざ映画一色でしたからね。鶴田浩二、高倉健の二大スターを中心に若山富三郎、菅原文太、千葉真一、梅宮辰夫などが並ぶ。それぞれがシリーズを持つが、根本はスターシステムによるシリーズ化ですね。東映の伝統で、なによりも考証と脇役がよい。(中略)松竹の『男はつらいよ』は、あわよくばシリーズにという意図さえなかった単発物なのに、かくも長命だったのは、奇蹟みたいなものでしょう。この秘密は何だろうね。やくざ映画の変形が大河と化して、ディスカバー・ジャパンの体裁をとりながら、延々と七〇年代の不景気時代を横断していく。七〇年代後半の流行は「寅さん」、阿久悠とピンク・レディー。そしてパル

コの文化宣伝戦略くらいでしょう。》

正直な話、私は映画『男はつらいよ』に、さほどの関心がない。初期の何作かは面白くみたが、その後、興味を失った。細かく調べる気はないが、弟分で出演していた津坂匡章（のち「秋野太作」と改名）が消えた十作目（一九七二年）辺りで、完全に映画が変質を遂げたと考えている。三十三作で、津坂匡章の再登場があるにはあったが、もう、その存在の意味は失われている。松竹で助監督をしていた、詩人の伊藤聚が映画『男はつらいよ』を嫌う気持ちを思い出す。

右の引用で、私が見ておきたいのは、『男はつらいよ』は「やくざ映画」の変形であるということだけである。

私が上京したのは一九七一年（昭和四十六年）だが、二番館か、三番館で『男はつらいよ』を見て、これは「やくざ映画」の亜流だと思った。

この時代、各映画会社が、東映の「やくざ映画」の影響を強く受け、それぞれがその流れに従った。もちろん、相互影響ではあるものの、東映が〝振り切った〟という感じであろうか。

日活はアクション映画から、「やくざ映画」そのものであるニューアクション映画へ、大映は悪名シリーズや若親分シリーズ、女賭博師シリーズなどがあった。東宝は「やくざ映画」こそ作らなかったが、時代の流れで、四大喜劇シリーズ（社長シリーズ・駅前シリーズ・若大将シリーズ・クレージー映画）も終了し、本社での映画製作を停止する。やがて、勝新太郎は勝プロで独立し、市川雷蔵は一九六九年に三十七歳で死去し、大映は看板スターを失う。大映と日活は「ダイニチ映配」を立ち上げるものの、日活はロマンポルノへとまたたく間に方向転換し、大映の倒産で、本社から大映テレビが離れる。本社の方は、徳間書店傘下の子会社となり、その後、角川映画となるわけだ。六〇年代後半から七〇年代前半の映画産業が、いかに大変だったのか、改めて考えさせられる。

好みだけで言うなら、西脇英夫『アウトローの挽歌―黄昏にB級映画を見てた―』（白川書院・一九七六年）や、渡辺武信『日活アクションの華麗な世界』上・中・下（未来社・一九八一年～一九八二年）などに従いながら、日活のアクション映画を中心に語りたいところだが、もんだいなのは、それぞれの映画会社がその社風に従って、もしくは、スターの性格に従って、時代の流れを受けたということの方だろう。

松竹の場合は、その人情劇風な性格から、「やくざ映画」の亜流として映画『男はつらいよ』を始め、いつの間にか、するりと国民映画に変質し、涼しい顔をしている。

東映の場合は、〝振り切った〟と言っても、その背景には時代劇がしっかりとあったため、草森紳一の言う通り、「考証と脇役」が良く、真っ正面で時代の風を受け、時代背景を明治・大正・昭和の初期へと移したわけだ。

時代劇ということなら、四方田犬彦『『七人の侍』と現代――黒澤明 再考』（岩波新書・二〇一〇年六月）が詳しい。第五章の「時代劇映画と黒澤明」で、映画『七人の侍』は「日本映画の歴史のなかで時代劇という巨大なジャンルに属しており、かつその大胆な革命であるといわれている」とし、「いかなるフイルムも単独では成立しない」。つまり、「ジャンルの内側で製作される」ので、黒澤明がそこにどのように参入したかを論ずるため、「時代劇映画」の誕生までさかのぼっている。歌舞伎から圧倒的な影響を受けた「活動写真」が、「泥芝居」と呼ばれた頃から始まり、日活からマキノ映画が独立したことや、ハリウッドの西部劇が時代劇に少なからぬ因縁を持ったこととか、映画『七人の侍』における「大胆な革命」そのものについては同書に委ねたい。

やがて、時代劇映画が東映で黄金期を迎えた後、既に述べたような時代の転換期を迎えた。その頃に刊行された、佐藤忠男『日本映画思想史』（三一書房・一九七〇年十月）という大著がある。二ヶ月後に、二刷も出ているので、それなりに読まれた本ではなかろうか。

私が所持しているのは二刷の方である。その当時でも、同書の冒頭部分で加藤泰監督の映画

『緋牡丹博徒・花札勝負』（一九六九年）に佐藤忠男が言及していることに驚いたものだ。「やくざ映画」について語ってもいい、と言われたような気がしたことを憶えている。〈II　時代劇の流れ　4　やくざ映画〉から引用する。

《一九六三年に沢島忠監督が東映でつくった「飛車角」のヒットから、やくざ映画の新時代がはじまった。それから数年後、ヒットがつづくままに、東映の企画のほとんどがやくざ映画一色にぬりつぶされるような大ブームを示し、現在（一九七〇年――引用者）にいたるまで、ほとんど衰えることを知らない。大映も、東映ほどは成功しなかったが、一九六二年の勝新太郎の「座頭市物語」のヒット以来、かなりの数のやくざ映画をつくっているし、日活も、それらの成功に刺激されて、それまでは青春映画の甘い二枚目だった高橋英樹や渡哲也をやくざスターに仕立て直した。また、はじめは低俗なジャンルとしてまじめな批評の対象にはならなかったが、やがて、やくざ映画の監督たちのなかから、加藤泰、山下耕作、鈴木清順などの逸材が発見され、作品の質からいっても、必ずしもそうバカにしたものではないと考えられるようになっている。作品の数の多いことからいっても、その流行が非常に長期間にわたっていることからいっても、日本映画の歴史のうえで、ひとつのパターンがこれほど流行ったという例はザ

ラにはない。》

佐藤忠男がこう書いた二年後には、藤純子の引退記念映画『関東緋桜一家』(マキノ雅弘監督・一九七二年)が撮られるので、実は、「やくざ映画」の終わりはその時期に始まったとも言えるかもしれない。

東映では、時代劇というジャンルの背景があればこそ、「やくざ映画」を牽引する力を示したのであろう。私が主張したいのは、実は「やくざ映画」というジャンルがあったのではなく、その時代が、それぞれの映画会社に大きな転換を迫り、それぞれが時代の風を受けたということだ。

実際、一九七三年に第一作が封切になった『仁義なき戦い』(深作欣二監督)を始めとしたシリーズなどで、行き着くところまで行ってしまった東映は、数年後には、再び時代劇へ戻る。かつての時代劇スター・萬屋錦之介(中村錦之助)が主演の『柳生一族の陰謀』(深作欣二監督・一九七八年)、『赤穂城断絶』(深作欣二監督・一九七九年)が撮られる。とは言うものの、既に一九七一年時点で映画館の数もピーク時の半分以下になっていたわけだから、その後が続かない。たぶん東映は時代劇がつくりたかったのだと思うが、『鬼龍院花子の生涯』(五社英雄・

一九八三年）や『楢山節考』（今村昌平・一九八三年）などのような、俳優座や今村プロダクションと提携した大作の前後に思い出したように、時代劇をつくるしかなかったし、まるで「やくざ映画」のなごりのような映画『極道の妻たち』が、やがて始まる。迷走と言えよう。「やくざ映画」をつくりたかったのでなく、ただヒットする映画をつくりたいだけだった。

話を一九六三年（昭和三十八年）の東映に戻そう。

《……この頃、経営建て直しのため東京撮影所所長として転出していた岡田茂が、時代劇不振に喘《あえ》ぎながら、一本の映画を作った。大ヒットした『人生劇場　飛車角』（一九六三年）がそれで、これこそが映画史的には所謂《いわゆる》〈やくざ映画〉というジャンルの最初の一本とされている。

尾崎士郎さんの大河小説『人生劇場』は戦前から何度も文芸映画として映画化されてきた名作だが、岡田さんはこのうち「残侠篇」に目をつけて、メロドラマの味を添えつつ任侠の世界をクローズアップして映画化したのだ。主役の飛車角に鶴田浩二、おとよに佐久間良子、宮川が高倉健、吉良常が月形龍之介、監督は沢島忠。（中略）この一本で東宝から引き抜いて以来どうも振るわなかった鶴田浩二は復活し、若手の健さんも顔を売った。大ヒットを受けて早速続篇が作られた。》

日下部五郎『シネマの極道　映画プロデューサー一代』（新潮文庫・二〇一二年）から引用した。日本侠客伝シリーズや緋牡丹博徒シリーズのみならず、仁義なき戦いシリーズや極道の妻たちシリーズのプロデューサーでもある。

あえて言えば、『人生劇場　飛車角』は文芸映画というジャンルでもある。少なくとも、時代劇よりもリアルであり、時代劇的な蓄積も生きた作品ということだったのであろう。

一九六四年（昭和三十九年）に出たのは、印象的な二本の作品。一つは、岡田茂、彼末光史、俊藤浩滋プロデューサーで、鶴田浩二が主演の映画『博徒』（小沢茂弘監督）であり、〝博打渡世〟の世界そのものが描かれる。俊藤浩滋というのは「やくざ映画」で、まず、最初に名をあげなければならない人物であろう。もう一本が『日本侠客伝』（マキノ雅弘監督）で、高倉健の主演、中村錦之助、大木実の出演であり、プロデューサーが俊藤浩滋と日下部五郎である。

日下部五郎は、岡田茂の指示で『日本侠客伝』は「忠臣蔵」で行こうとしたと述べている。「要するに「忠臣蔵」のような〈がまん劇〉であり、まず悪役が非道の限りを尽くし、途中で客人が殺され、主人公はがまんにがまんを重ねた挙句に最後は討入りならぬ殴り込みで終わる。いわばチョンマゲのない勧善懲悪の時代劇であるが、そこへ味つけとして、長谷川伸の股旅ものに見られる義理人情が入っている塩梅だ。」と。本来なら中村錦之助が主演になるところだが、当時、俳優組合の旗頭であった錦之助が主演を断り、個人的に親しい高倉健が主演なら「助《す》けてやるよ。京都（撮影所――引用者）は初めてなんだろ？」となったらしい。もちろん、中村錦之助は時代劇にこだわりがあり、反動的な「やくざ映画」なんて、と思っていたことだろう。

逆に、若い高倉健は、ここから花がひらく。日本俠客伝シリーズ、網走番外地シリーズ、昭和残俠伝シリーズという、健さんの三大シリーズが量産される。日下部五郎は言う。「……何より、健さんだった。スタイルがいいし、動きもキビキビしていて若々しく、カッコ良い。着流し姿がぴたりと決まり、三白眼が任俠らしい鋭さを出している。」と。それまでの時代劇ではあり得なかったタイプの、新しいスターの誕生であった。

映画『博徒』の舞台が明治中期、『日本俠客伝』は大正期であり、やがて昭和初期から戦後まで背景にしたことで、映画はさらにリアルになった。ただ、時代劇をバックグラウンドにしていたことも否定できまい。

私が言いたいのは、単純なことだ。東映は時代劇をつくりたいのだが、人々が求めていたのは、もはや荒唐無稽な時代劇ではない。そこで、思いがけずも尾崎士郎＝原作小説の「文芸映画」が、江戸時代から先へと〈橋〉を架けてくれた。

それまで舞台として印象が弱かった明治中期や大正期、続いて昭和初期や戦後まで、「やくざ映画」が駆け巡ったのである。とは言え、それはやはり時代劇だったのであろう。日活はどのようにアクション映画を撮ろうとも、結局のところ、青春映画なのであり、大映にしろ、東宝にしろ、松竹にしろ、それぞれの社風から抜け出ることはなかった。寅さん映画が、「やくざ映画」の亜流として出発しながら、思いがけず国民映画になってしまったのも、それでいいのかどうか、本当は分からない。もんだいなのは、一九六〇年代の後半に映画そのものが〝時代の終わり〟を迎えていたということの方であろう。

《日本映画の産業としてのピークは一九五八年に遡り、テレビの普及やレジャーの多様化に映画会社の企画のマンネリ化が輪をかけて、観客動員数は地すべり的に減少していった。その結果、七〇年代に入ると邦画の雄であった大映が倒産、つい数年前まで石原裕次郎、吉永小百合、小林旭らの大スターを擁していた日活がロマンポルノ路線に転換するなど業界がぐらりと揺らいだ。ここまで極端ではないものの、やはり慢性的な興行不振に陥っていた東映やくざ映画も、従来の任侠路線からよりハードでリアルな暴力描写を売る実録路線を打ち出し、洗練された都会的な雰囲気をカラーとしていた東宝までもがどぎつい性や暴力が頻出する劇画の映画化作品

を配給するようになっていた。》

樋口尚文『ロマンポルノと実録やくざ映画』（平凡社新書・二〇〇九年七月）の「はじめに」から引用した。副題に「禁じられた70年代日本映画」とある通り、これまで私が触れた、正統的な「任侠映画」（！）というか「やくざ映画」から、さらに解体したような、「一見末期的で俗悪な作品群」（樋口尚文）が数多く論評されている。たぶん、私が生涯でも一番に映画を見た時期でもあるので、気になる作品が扱われていて印象深い。

もちろん、樋口尚文は「一見末期的で俗悪な作品群」には、「従来の日本映画には見出し難い特異な面白さを獲得した異色作」が潜んでいると主張し、「逆に映画表現の幅が広がったという一面」の方に目を向けるわけだ。

もんだいなのは、それぞれの映画会社が直営もしくは契約する映画館のチェーンを持っていて、自社の撮影所で製作した映画を配給するという方式が崩壊したということなのだろう。日活のロマンポルノが最後のプログラム・ピクチャーとなり、多くの監督や新人スターを排出した。ところが、寅さんシリーズで大当たりの松竹は、そのヒットゆえに、新人監督も新人スターも生まなかったということを、四方田犬彦が対談集『アトムと寅さん』で発言している。

どう考えても四方田犬彦の方が映画の専門家なので、世代差もあり、話題の広がりに乏しい。七〇年代の映画について語りたい気持ちがないではないが、そもそも草森紳一はそれに興味がないようだ。

私が今、ここで確認して置きたいのは、そうなる手前の、たとえば東映における、「時代劇映画」を背景にした「やくざ映画」というような、「複合（コンプレソクス）」の方である。

草森紳一がユング著作集から、その「複合（コンプレソクス）」という概念をとりだし画家ベーコンを論じたように、六〇年代後半の「やくざ映画」を語れないものなのだろうか、と夢想したのである。もちろん、プルーストの「回想の連合」によっても分析できるかもしれない。東映の「時代劇映画」と「やくざ映画」に〈橋〉を架けるように、日活の「青春映画」と「アクション映画」や「ニューアクション映画」へも〈橋〉を架け、同様に、大映や東宝、松竹の映画について論じてみたかったが、どうにも私の手に余るので、今回は、ここまでとする。

ただ一点、「任俠」ということについて、草森紳一の考えを見ておく。

《江戸にあって、任俠の徒は、やくざの独占でない。大名旗本、町人、角力取りの末端にいたるまで、「任俠狂時代」である。中国にあっては、司馬遷が『史記』で遊俠の徒を顕彰して以来、かならずしも、否定的イメージでない。若き日の曹操も劉邦も遊侠の徒である。高級官僚の中にも、年少にあって任侠であったものは、多い。中国の匪賊、日本流には馬賊は、任侠の集団である。中国からの輸入は、かなり遅れたともいえる。大名旗本の武士まで、やくざの真似をしたのではない。やくざこそが、のちに真似をした。

近代明治になって、やくざの世界にのみ、残った。今なお日本人の潜在意識の中には、やくざを否定しても、彼等の中に残っている「任侠」の精神に喝采を送る気持ちが、わずかながらでも生きている。一九七〇年前後に流行したやくざ映画では、「任侠」の精神は、「古い」とされる。》

草森紳一『あやかりの富士　随筆「江戸のデザイン」』(翔泳社・二〇〇〇年五月) 所収の、「打てば打たる櫓の太鼓」という文章から引いた。

言うまでもなく、「弱きをたすけ強きをくじく気性」を持つこと、また、持った人を「任侠」というわけである。引用の末尾の一文は、いささか意味が取りにくいが、逆に、六〇年代後半までは「任侠」の精神が尊重されたということであろうか。

そうか、〈橋〉はそこにこそ架けられていたのかもしれない。

当時の学生運動家が「やくざ映画」に拍手を送ったのは、その「任侠」精神ゆえであろう。当時の「やくざ映画」は、「任侠」精神を持った「古い」博徒が、新興の暴力団に追い詰められ、最後に殴り込みむという展開であった。それが、その後「実録」へ、「仁義なき戦い」へ向かったということになる。

本来は、やくざの実態を描いたのではなく、やくざの〝「任侠」精神〟を描きたかったのであろう。

松田修『闇のユートピア』（新潮社・一九七五年一月）所収の、「無頼と聖性」では、次のように述べられている。

《六〇年代の創造しえた美的様式は何か。いうまでもなく、高倉健主演『昭和残侠伝』シリーズがそれであろう。

（中略）

権力と資本が癒着し、その醜い末端に、悪いやくざが踊り、庶民は泣く。いわく、立ちのきである、米の買いしめである。港湾整備である、大建設である。よいやくざ組織は、庶民を防衛しきれない。動揺する庶民、日和見の一派。これでもか、これでもかと、凌辱が、残虐が続く。

しかし、高倉健は動かない。耐えに耐え、撓《た》めに撓めた満身の反《そ》り。

(中略)

健は起つ。突如起つ。親分が殺されたのだ。あるいは組織をカバーしてくれていた旦那衆がやられたのだ。

彼は組の若い者の動揺を押さえて(しまをまもれ、通夜をしろと命じて)、単身斬りこんでゆく。むしろ淡々と、日常に、はた原点に還るもののごとく。

凛乎とした眉目に雪が散る。悲しみはもはや覆われ、意気がりもせず、気負いもせず、静かな、あまりにも静かな死地への歩みである。この時、観客は、健の孤独をあらためて知る。彼は、やくざという異端の集団においてさえ、異端者なのだ——。だが、その時ただ一人、雪の四辻で、無言で傘をさしかける男、たとえば池部良。》

松田修は言っている。「このパターンを、一映画資本の計算が生みだしたものとすることは、おそらく謬りであろう。」と。このパターンの背後には、「千年単位で計算すべき伝統」があり、なんと松田修は「おそれずにいえば、世直しはやくざによらねばならない」とまで述べる。

松田修は異能の国文学者である。「やくざ」は、「古代語ヤクサムから来たことばではないか」

と推定し、『日本書紀』から用例を引いている。古代語ヤクサムは、「不平・不和」という用字で示されていることから、「不平・不和なるものこそが、もっとも、平・和の状態を希求する」と論じている。「不和不平《やくさ》む状態を、不和不平《やくさ》むもの自身が、直すという理解には、おそらく古代的発想そのものが息づいている。本来的には神に属するこの機能を、やがて人間が担当するようになる。」ということで、「世直し」論につながる。

松田修には、多くの映画論もあり、もっと話を広げたいところだ。二〇〇四年二月に亡くなり、右文書房から全8巻の著作集が出ている。ところが、松田修の映画論集『映像の無頼たち』（劇書房・一九七七年七月）や、『闇をうつす映画館』（ブロンズ社・一九七九年十二月）は、この著作集に収録されていない。そもそも単行本に収録されていない映画関係の文章も多くある。ということなどの、あれこれに触れたいが、まあ、それはまた別の話になろう。

それにしても、竜頭蛇尾というか、羊頭狗肉というか、はたまた、「ロケットのように昇って棒のように落ちてくる」とでもいうか、「ワインだと叫んで酢を売る」とでもいうか、いずれにしても、対談集の半分どころか、ちょっと舐めただけで終わってしまった。看板に偽りあり、頭でっかち尻つぼみ、ということである。

書評・柴橋伴夫『雑文の巨人《マエストロ》　草森紳一』

評伝的なスタイルで、草森紳一の全体像が手際よくまとめられている。マンガや写真、デザインや広告、そういうサブカルチャーだけでなく、李賀を中心とした中国文学や永井荷風『断腸亭日乗』などに対するこだわりなど、多方面にわたる草森紳一の著作を展望しながら、一方、コラムという形で個別の話題について触れているのも、上手い方法だと感じた。たぶん、草森紳一についての、まとまった論考としては最初の単行本になるはずだ。

既に、『草森紳一が、いた。』（草森紳一回想集を作る会）という、「友人と仕事仲間たちによる回想集」（これが、同書の副題である）が二〇一〇年十二月に、東海晴美氏の手によって編集・刊行されているのだから、こういう本がいつ出てもおかしくはなかった。とは言え、二〇〇八年三月に草森紳一が七〇歳で亡くなった後も、未刊行だった単行本が次々に出され、なお、未だまとめられていない〝雑誌の連載〟分が幾つも残っている。死後の出版だけで軽く十冊を超えているのだ。何だかまだ、草森紳一が生きているような気さえする。それは、たぶん、私だけの思いではあるまい。これまで、草森紳一論が、なかなかまとまらなかった理由の一つでもあろうか。特に、副島種臣についての〝雑誌連載〟の文章は、これからも、単行本になるかどうかさえ怪しい。国会図書館まで行って、コピーをとるのはしんどい事だ。草森紳一の全業績に触れることが、いかに難しいのか、改めて分かる。草森紳一全集など、夢のまた夢か。

この『雑文の巨人　草森紳一』についての紹介記事が、十勝毎日新聞（二〇二〇年三月三〇日気付）に出ているが、そこで、「氏（草森紳一）の著書全63冊の中から半数以上を読み込んだ」という柴橋伴夫氏の言葉が拾われている。そうか、これでも、まだ半分なのかと、ため息をつく。同書の「まえがき」でも、柴橋伴夫氏は自らの行為を「ささやかな目撃の一端」だとし、草森紳一の「全ての書物の風景を語ることはできない」とする。正直な感想であろう。

筆者の柴橋伴夫氏は、北海道で活躍する詩人・美術評論家。イサム・ノグチや岡本太郎の評伝をものしているらしいし、地の利もある。特に、草森紳一の出生から始めて、十勝の風土について、私など、初めて知ることばかりだった。柴橋伴夫氏について、私が知っていたのは『迷宮の人　砂澤ビッキ』（共同文化社・二〇一九年三月）という著作だけなのだが、まさに、その砂澤ビッキが、柴橋伴夫氏を草森紳一に結びつけたようだ。私は『迷宮の人　砂澤ビッキ』を嵩文彦氏からいただいたのだが、高校時代の同級生で、草森紳一の「盟友」とも言える嵩氏が、柴橋氏の草森紳一論を後押ししたようである。

柴橋伴夫氏は二〇一九年に、砂澤ビッキ没後三〇年を記念して『迷宮の人　砂澤ビッキ』を書く。そんな頃、草森紳一の生地・音更町にある書庫「任梟盧《にんきょうろ》」にビッキの作品が二点収めてあるという話を聞く。その作品の一つは、嵩文彦氏が草森紳一に寄贈したものなのだそうだ。

砂澤ビッキは、本名が砂澤恒雄、一九三一年に旭川で生まれた木彫家。澁澤龍彦などとの交友もあり、カナダのブリティッシュ・コロンビア州に渡り、そこで、ハイダ族の彫刻家とも交わり制作をしたという、異色の芸術家であった。「ビッキ」という名は、方言の「カエル」に由来しているらしい。柴橋氏は実際に「任梟盧」を訪れ、ビッキの「悸面《きめん》」と、大きな「蛾」という二つ作品を目にする。その写真も、本書に載っている。それにもまして、柴橋氏は、建築家・山下和正のデザインによる書庫「任梟盧」そのものに圧倒されてしまう。氏は書いている。「『任梟盧』は、サイロに似た白い小塔のようにみえた。中は螺旋形になり、途中に四ヶ所の踊場がある。〈書の蔵〉となっていた。（中略）書群に囲まれていると、眩暈に襲われ足元がゆれた。」と。柴橋氏は、さらに言う。「この書庫は、草森の脳内装置そのものでもある。今、その脳内を覗きこんだと思ったら、書籍一つ一つが神経繊維に思えてきて、不思議な感覚をあじわった。それにしてもなんと恐ろしいまでに凄い脳であることか。」とも。

まさに、その「凄い脳」を解析しようとしたのが、この『雑文の巨人　草森紳一』であると言っていい。柴橋伴夫氏が特に指摘しているのは、草森紳一の「恣意性」や「佯狂性」、「暴逆性」など。「恣意」は気ままにふるまうこと、「佯狂」は気が狂ったふりをすることで、「暴逆」は乱暴で人道に背くような行為を意味する。どれも、草森紳一自身が好んで使った用語。いずれにしても異端の方法であろう。また、過激な生き方を貫いた草森紳一の生涯を見渡すのに、いかにも、ふさわしい言葉であるが、ものごとにこだわらない、彼の〝少年のような心〟を示してもいないだろうか。

柴橋氏はこうも言う。草森紳一は、「防備していない素《す》の相貌や、その人のいちばん醜悪な部分を見つけ出し魂魄を摑もうとする。」と。あるいはまた、「草森という評論家は、単独者として生きぬいた。糖衣に包んだ言葉を嫌い、孤独を愛した。マンションの狭い部屋を〈竹林〉に見立て、外の雑音を遮断し、仙人のように超俗に徹した。ただただ頑迷な岩のように、内心の聲にのみしたがった。」と。

それにしても不思議なことに、草森紳一は最後まで、〝世俗的な〟ジャーナリズムの世界の人であり続けた。学者でもないのに、決して一般的とは言えない著作をものしながら、本が崩れても、現役の〝もの書き〟として生活していたのである。〝現代の奇人〟であったことに間違いはない。

（未知谷　二〇二〇年三月・定価三千円＋税）

草森紳一の簡単な年譜

＊『草森紳一が、いた。――友人と仕事仲間たちによる回想』所収の「略歴」、及び同書「主な連載原稿一覧」や「著書・訳書一覧」を基本として、その他、本書が必要とする最小限の情報をまとめたものである。膨大な著作の、ごく一部にしか触れていないことを、あらかじめ、お断りしておく。

一九三八年（昭和十三年）
二月二十三日　北海道河東郡音更町に生まれる。

一九五六年（昭和三十一年）
三月　帯広柏葉高等学校卒業。

一九五七年（昭和三十二年）
四月　慶応義塾大学文学部中国文学科入学。奥野信太郎・教授、村松暎・助教授の頃。下宿は、中野駅北口にあった蕎麦屋の二階。近くに、天神湯という銭湯があったという。慶応推理小説同好会に所属する。

一九六一年（昭和三十六年）
三月　慶応義塾大学文学部中国文学科卒業。
四月　婦人画報社に入社。編集者となる。煙草の銘柄は、自宅ではピーカン。外出先では箱入りピース。

一九六三年（昭和三十八年）
一月　奄美大島の名護に、島尾敏雄を訪ねる。

一九六四年（昭和三十九年）
三月　婦人画報社退社。フリーライターとなる。

一九六五年（昭和四十年）

四月　慶応義塾大学附属研究所・斯道文庫に勤務（四年半）。
九月　詩人・清水哲男の仲介で、雑誌「現代詩手帖」（思潮社）九月号より「垂翅の客　李長吉伝　第一部・挫折以前」の連載が始まる（一九六六年十一月まで）。李賀の没した二十七歳と同じ年齢から連載をはじめた〈李長吉伝〉は、結局のところ、中断となる。

一九六六年（昭和四十一年）

六月　ビートルズ来日。写真集のライターとして、同じホテルの同じフロアーに宿泊しながらも、取材許可を得られなかった。

一九六七年（昭和四十二年）

三月　五度目の引っ越しで、港区芝公園の石原ビルに移る。草森紳一が二十代後半から四十代のはじめにかけて住んでいたのは赤羽橋である。

五月　『マンガ考　僕たち自身の中の間抜けの探究』（コダマプレス）刊行。
九月　座談会「唐代の詩人たち」（雑誌「無限」）。出席者は、奥野信太郎の代役として草森紳一の他、西脇順三郎、草野心平、中村真一郎、高橋和巳（司会）。

一九六八年（昭和四十三年）

一月　恩師・奥野信太郎死去。

一九六九年（昭和四十四年）

四月　慶応義塾大学の非常勤講師となる。（七〇年三月まで）
八月　斯道文庫退職。

一九七〇年（昭和四十五年）

一月　雑誌「現代詩手帖」（思潮社）一月号より「垂翅の客　李長吉　第二部・公無渡河」の連載が始まる（一九七三年四月まで／一九七四年一月より

一九七六年十一月まで)。
十月　植草甚一『ぼくは散歩と雑学がすき』(晶文社)刊行。

一九七一年(昭和四十六年)

二月『マンガ・エロチシズム考』(誠文堂新光社)刊行。
十一月『ナンセンスの練習』(晶文社)刊行。前年に刊行された、植草甚一の『ぼくは散歩と雑学がすき』とよく似た装幀であった。

一九七二年(昭和四十七年)

二月『日本ナンセンス画志　恣意の暴逆』(大和書房)刊行。
四月　再び、慶応義塾大学の非常勤講師となる。(七三年三月まで)

一九七三年(昭和四十八年)

十一月『江戸のデザイン』(駸々堂)により、毎日出版文化賞受賞。

一九七四年(昭和四十九年)

三月『鳩を喰う少女』(大和書房)刊行。
夏　フランク・ロイド・ライトの建築を見るために、大倉舜二とアメリカ旅行。

一九七五年(昭和五十年)

九月『子供の場所』(晶文社)刊行。
暮れから、翌年の正月にかけて、スリランカへ二週間の旅をし、「スリランカ・蝶の旅」という三十枚程度の文章を「月刊プレイボーイ」誌に発表するものの、後に、二百五十枚に膨れ上がって『旅嫌い』(マルジュ社)に収録される。

一九七七年(昭和五十二年)

七月　北海道音更町の実家に書庫「任梟盧」竣工。
八月『円の冒険』(晶文社)刊行。

一九七八年(昭和五十三年)

一月まで神戸に仮の部屋を持っていて、五年間、月に十日ほど、その部屋で眠ったのだそうだ。（神戸・きまぐれの五年）

五月『歳三の写真』（新人物往来社）刊行。

六月　植草甚一スクラップブック㉒『ぼくの大好きな外国の漫画家たち』（晶文社）の「解説」を執筆。

十月『印象』（冬樹社）刊行。

一九七九年（昭和五十四年）

四月『素朴の大砲　画志アンリ・ルッソー』（大和書房）刊行。

一九八〇年（昭和五十五年）

年末、年始にマレーシアへの旅。

一九八一年（昭和五十六年）

六月『夢に帰る　遣唐使・阿倍仲麻呂』（吉野ろまん新書）刊行。

七月『人物　中国の歴史5　三国志の世界』（集英社）に、「曹操を父にもつ皇帝と天才詩人　曹丕と曹植」が収録される。

十二月　カメラ「オートボーイ」を手に、二週間のトルコ一周の旅へ出かける。

一九八二年（昭和五十七年）

四月『旅嫌い』（マルジュ社）刊行。

十二月「副島種臣」執筆のために、初めて佐賀を訪れる。

一九八三年（昭和五十八年）

八月　江東区門前仲町のマンション（永代橋の「ふもと」）に引っ越す。（注記。以上は、『草森紳一が、いた。』の年譜に従ったが、『その先は、永代橋』には、「江東区側の永代橋のたもとへ住むようになったのは、一九八二年の夏であるから、かれこれ十五年の月日が流れた。」との記述あり。）

一九八四年（昭和五十九年）

十一月　母、死去。『あの猿を見よ　江戸佯狂伝』（新人物往来社）刊行。

一九八七年（昭和六十二年）

三月『コンパクトカメラの大冒険』（朝日新聞社）刊行。

一九八九年（平成元年）

二月　雑誌「話の特集」（話の特集社）一月号より「散歩で三歩」の連載が始まる（一九九一年一月まで）。

五月「NHK日曜美術館」に、写真の土門拳記念館（山形県酒田市）の現地解説で出演。父、死去。

一九九〇年（平成二年）

二月『NHK歴史への招待　第21巻　新選組』（日本放送出版協会）に「一人の二人——総司さんはいつも島田順司さんの顔」を収録。

一九九一年（平成三年）

七月　雑誌「すばる」（集英社）七月号より「紉蘭　詩人副島種臣の生涯」の連載が始まる（一九九六年十二月まで65回）。

一九九二年（平成四年）

八月『随筆「散歩で三歩」』（話の特集社）刊行。

十二月二十三日　TBS報道番組「筑紫哲也ニュース23」に出演。その放送内容は、後に『筑紫対論』（朝日ソノラマ・一九九三年・十一月）に「散歩道入門」として収録される。

一九九四年（平成六年）

一月『北狐の足跡　「書」という宇宙の大活劇』（ゲイン）刊行。

一九九五年（平成七年）

ETV特集で、「書という芸術への旅」に出演。

一九九六年（平成八年）

四月　雑誌「東京人」（都市出版）四月号より「そ

の先は永代橋」の連載が始まる（十月まで）。
十二月『漢詩賞遊　酒を売る家』（竹書房）刊行。
一九九七年（平成九年）
三月　雑誌「ユリイカ」（青土社）三月号より「荷風の永代橋」の連載が始まる（一九九九年一月まで）。
十一月『食客風雲録　中国篇』（青土社）、『食客風雲録　日本篇』（青土社）刊行。
一九九八年（平成十年）
六月「書」をめぐるシンポジウム参加のついでに、秋田への旅。平田篤胤の墓、秋田県立図書館にて副島種臣の資料調査、また、副島種臣関連の地として船川港、寒風山をめぐり、男鹿温泉に宿泊。
一九九九年（平成十一年）
一月　草森紳一編著『日本の名随筆　別巻95　明治』（作品社）刊行。草森紳一「板垣退助の涙」を収録している。
十月　雑誌「文學界」（文藝春秋）十月号に「本が崩れる」を掲載。
十二月『少年曹操』（文藝春秋）刊行。
二〇〇〇年（平成十二年）
二月　雑誌「文學界」（文藝春秋）二月号より「薔薇香處　副島種臣の中国漫遊」の連載が始まる（二〇〇三年五月まで40回）。
五月『あやかり富士　随筆「江戸のデザイン」』（翔泳社）刊行。
二〇〇二年（平成十四年）
二月『文藝別冊　土方歳三』（河出書房新社）に、「斜眼の諸手突き　新選組副長土方歳三の『書体』」を収録。
二〇〇四年（平成十六年）

二月　『歳三の写真［増補版］』（新人物往来社）刊行。

十二月『荷風の永代橋』（青土社）刊行。

二〇〇五年（平成十七年）

三月　雑誌「en-taxi　エンタクシー」（扶桑社）9号で、特集「草森紳一　雑文宇宙の発見者」があり、連載「ベーコンの永代橋」第一回発表（二〇〇八年冬・第20号まで）。吐血により入院。

十月『随筆　本が崩れる』（文春新書）刊行。

十二月　四方田犬彦との対談集『アトムと寅さん　壮大な夢の正体』（河出書房新社）刊行。

二〇〇七年（平成十九年）

京都清華大学表現機構から出ている「表現」創刊号と2号に「捕鼠　明治十一年の文人政治家副島種臣の行方」が掲載。

二〇〇八年（平成二十年）

二月　恩師・村松暎が八十四歳で死去。

三月二〇日　東京門前仲町の自宅マンションで、心不全のため亡くなる。実際の死亡日は、電話やマンション設置のカメラから三月十九日と推測されているという。

七月『夢の展翅』（青土社）刊行。

八月『不許可写真』（文春新書）刊行。

二〇〇九年（平成二十一年）

二月『「穴」を探る　老荘思想から世界を覗く』（河出書房新社）刊行。

七月『フランク・ロイド・ライトの呪術的空間』（フィルムアート社）刊行。

八月『本の読み方　墓場の書斎に閉じこもる』（河出書房新社）刊行。

十月　本好きの情報探求誌「彷書月刊」十月号で、〈特集・草森紳一の右手〉。単行本の「構成案」や「校正原稿」なども、ごく一部分であるが収録されている。

二〇一〇年（平成二十二年）

二月『古人に学ぶ　中国名言集』（河出書房新社）刊行。

四月『文字の大陸　汚穢の都　明治人清国見聞録』（大修館書店）刊行。

十二月『草森紳一が、いた。――友人と仕事仲間たちによる回想集』刊行。

二〇一一年（平成二十三年）

六月『記憶のちぎれ雲　我が半自伝』（本の雑誌社）刊行。

二〇一三年（平成二十五年）

四月『李賀　垂翅の客』（芸術新聞社）刊行。

二〇一四年（平成二十六年）

五月『その先は永代橋』（幻戯書房）刊行。

二〇一八年（平成三十年）

二月　嵩文彦との共著『「明日の王」詩と詩論』（未知谷）刊行。

十一月『随筆　本が崩れる』（中公文庫）刊行。この文庫には、本に関する、短文五篇の付録が追加、収録されている。中でも、特に「魔的なる奥野先生」が重要であろう。

あとがき――さらに、この先があるのかどうか。

今も、相変わらず、草森紳一「以後」を歩いている。それにしても、シリーズの3冊目まで来られるとは思ってもみなかった。詩的現代叢書版『草森紳一の問い』をまとめ、それを構成し直すかたちで、洪水企画の〈詩人の遠征〉シリーズで2冊目まで刊行したことは、まあ、想定の範囲であったが、まさか、その先があるとは考えていなかったのである。

さらに、この先があるのかどうか。

遠くから、「草森紳一に『問い』などない」という叱責を受けたこともある。そうだ、草森紳一に「問い」などない。草森紳一自身が、一つの「問い」なのだ。まるで、寺山修司が俳句や短歌、詩や戯曲などの、様々なジャンルを渡り歩き、それぞれを互いに「問い」としたように、草森紳一も様々な対象を論じ、その果てに〝意志的な「雑文」というスタイル〟を確立したのである。

叱責ということでは、遥か昔、村上一郎の『浪曼者の魂魄』を、真継伸彦が書評した文章を思い出す。真継伸彦は言ったものだ。「あえていえば、引用がいたずらに多い氏（村上一郎―

―引用者）の思想は二番煎じである。極端にいえば、氏は嬰児のように、もちまえの悲壮感の自愛のために、必要な思想をあちらこちらからとってくるだけなのだ。新しい認識と新しい感動との直結という、真のロマンチシズムは、ここには皆無である。」と。

何だか、私の著作についての評言のようにも見えないでもない。もちろんのこと、残念ながら、私に、村上一郎のような、純な「悲壮感」はない。ただ、「引用がいたずらに多い」、この私の「雑文」も「二番煎じ」だと批判を受けることだろうな、と思ったわけだ。そうだ、「二番煎じ」である。いや、もう「三番煎じ」ということかもしれない。

いやいや、同じような難癖を私も受けている。

ののしりの声をし聞けど仕方なしわれは是レ長安ノ軽薄ノ児

岡部桂一郎の一首である。もちろんのこと、私が「長安ノ児」のような、シティーボーイでないにせよ、「軽薄ノ児」であるのは間違いないところだ。

またも翻《ひるがえ》って　ああ　私は

吹きすさぶ嵐のなかに　まったく孤独に生きる一本の旗だ

リルケの詩「予感」の結末部の二行である。草森紳一の、豊かな川を渡ろうとしたのに、今、草森紳一が、まるで涸れた川のようにしか扱われていない、という嘆きが私にある。プロローグに種田山頭火の句を掲げたのは、そのためだ。草森紳一の、未刊の雑誌連載が、なんとか〝本という姿〟を身にまとうことを願い、祈る。

☆

校正時、改めて、草森紳一を論じているのは何も私一人ではないことを示す必要を感じた。そこで、詩誌「季刊　詩的現代」33号（二〇二〇年六月）に載せた「書評・柴橋伴夫『雑文の巨人《マエストロ》』を追加収録したわけである。文中でも触れているが、同書が草森紳一を単独で論じた最初の単行本。私自身が草森紳一について初めて書いた文章は、「草森紳一という『穴』」、もしくは『穴』のなかの草森紳一」というもので、当時、群馬で出ていたコミュニティ誌「い」8号（二〇一一年七月）に載せたものである。その後、「季刊　詩的現代」6号（二〇一三年九月）

に「幻想の階段　『記憶のちぎれ雲』を読む」を発表し、さらに、草森紳一と高校時代の同級生であった嵩文彦氏の個人誌「麓」8号（二〇一九年五月）から13号（二〇二〇年五月）まで6回ほど、「草森紳一の『散歩』論」を連載させていただいたことが、草森紳一について書き続ける、決定的な契機となった。瞬く間に、十年以上が過ぎてしまったことに、今さらながら驚く。と同時に、もう、すっかり、草森紳一が私の「頭」に棲みついてしまったような気さえしてくる。

改めて、洪水企画の池田康氏に感謝申し上げたい。〈詩人の遠征〉シリーズというガウンを身にまとわなければ、〈草森紳一論〉を続けることが出来なかったと思う。

愛敬浩一（あいきょう・こういち）

１９５２年群馬県生まれ。和光大学卒業後、同大学専攻科修了。現代詩人文庫 17『愛敬浩一詩集』（砂子屋書房）、新・日本現代詩文庫 149『愛敬浩一詩集』（土曜美術社出版販売）等多数。近著に、詩集『メー・ティはそれを好まない』（土曜美術社出版販売）の他、評論・エッセイとして [新] 詩論・エッセイ文庫 10『詩人だってテレビも見るし、映画へも行く。』（土曜美術社出版販売）、[新] 詩論・エッセイ文庫 17『大手拓次の方へ』（土曜美術社出版販売）、[新] 詩論・エッセイ文庫 21『詩から遠く離れて』（土曜美術社出版販売）、詩人の遠征シリーズ 12『遠丸立もまた夢をみる』（洪水企画）、詩人の遠征シリーズ 13『草森紳一の問い』（洪水企画）、詩人の遠征シリーズ 14『草森紳一「以後」を歩く』（洪水企画）など。日本現代詩人会会員。群馬大学非常勤講師。

詩人の遠征 15

草森紳一は橋を渡る

——分別と無分別と、もしくは、詩と散文と

著者……愛敬浩一

発行日……2023年8月26日
発行者……池田 康
発行………洪水企画
〒254-0914 神奈川県平塚市高村203-12-402
TEL&FAX 0463-79-8158
http://www.kozui.net/
装幀………巖谷純介
印刷………モリモト印刷株式会社
ISBN978-4-909385-38-3

詩人の遠征シリーズ　既刊

❶ **ネワエワ紀**
池田康 著　1760 円
❷ **骨の列島**
マルク・コベール 著、有働薫 訳　1980 円
❸ **ささ、一献　火酒を**
新城貞夫 著　1980 円
❹ **『二十歳のエチュード』の光と影のもとに**
〜橋本一明をめぐって〜
國峰照子 著　1980 円
❺ **永遠の散歩者　A Permanent Stroller**
南原充士英和対訳詩集　1760 円
❻ **太陽帆走**
八重洋一郎 著　1760 円
❼ **詩は唯物論を撃破する**
池田康 著　1980 円
❽ **地母神の鬱　—詩歌の環境—**
秋元千恵子 著　1980 円
❾ 短歌でたどる **樺太回想**
久保田幸枝 著　1980 円
❿ **悲劇的肉体**
J・シュペルヴィエル 著、嶋岡晨 訳　1980 円
⓫ **黒部節子という詩人**
宇佐美孝二 著　1980 円
⓬ **遠丸立もまた夢をみる**　——失われた文芸評論のために
愛敬浩一 著　1980 円
⓭ **草森紳一の問い**　——その「散歩」と、意志的な「雑文」というスタイル
愛敬浩一 著　1980 円
⓮ **草森紳一「以後」を歩く**　——李賀の「魂」から、副島種臣の「理念」へ
愛敬浩一 著　1980 円

燈台ライブラリ

❶ 対論 湯浅譲二×川田順造

人間にとっての　音⇔ことば⇔文化

発行・洪水企画／発売・草場書房
新書判 208 頁／ 1320 円

❷ 新実徳英

合唱っていいな！

発行・洪水企画／発売・草場書房
新書判 224 頁　1430 円

❸ 嶋岡晨 編

詩国八十八ヵ所巡り

発行・洪水企画／発売・草場書房
新書判 192 頁　1430 円

❹ 佐藤聰明

幻花　―音楽の生まれる場所

発行・洪水企画
新書判 192 頁　1430 円

❺ 望月苑巳

スクリーンの万華鏡

発行・洪水企画
新書判 320 頁　1650 円